CÓMO SER LIBRE

CÓMO SER LIBRE

UNA GUÍA COMPROBADA PARA ESCAPAR DE LAS PRISIONES OCULTAS DE LA VIDA

SHAKA SENGHOR

Título original: *How to Be Free*

Traducido por: © Laura Paz | Con revisión de Laura Lecuona
Créditos de portada: © Pete Garceau
Adaptación de portada: © Genoveva Saavedra / aciditadiseño
Diseño de interiores: © Juan Carlos González

Bajo el sello editorial PLANETA M.R.
Avenida Presidente Masarik núm. 111,
Piso 2, Polanco V Sección, Miguel Hidalgo
C.P. 11560, Ciudad de México
www.planetadelibros.us

Primera edición impresa en esta presentación: noviembre de 2025
ISBN: 978-607-39-3501-2

Impreso en los talleres de Impresora Tauro, S.A. de C.V.
Av. Año de Juárez 343, Col. Granjas San Antonio,
Iztapalapa, C.P. 09070, Ciudad de México
Impreso y hecho en México / *Printed in Mexico*

Al sentarme a escribir esta dedicatoria me venían a la mente los nombres obvios: mi esposa, mis hijos, mis padres; la gente que no me ha abandonado, que me ha querido y ha creído en mí. Pero entonces caí en la cuenta: ahora la dedicatoria es para mí.

Este libro me trajo alegría. Me ayudó a enfrentarme a mis propias prisiones ocultas y a hacerles frente. Me recordó que no solo merezco el amor y el éxito: también merezco honrar mi propio viaje. Así, pues, dedico esta obra a todas las versiones de mí mismo que llegaron hasta aquí.

Al niñito al que le decían Pumpkin.

Al adolescente roto al que las calles rebautizaron como Jay.

A James White, el joven que entró a una celda a los diecinueve.

Y a Shaka Senghor, el hombre que los ha llevado a todos a la luz.

He sobrevivido a cuanto se ha interpuesto en mi camino.

He superado el trauma, he acallado las dudas sobre mí mismo y he mirado el miedo a la cara. Me he ganado esta paz, me he ganado esta alegría, me he ganado el derecho a prosperar.

Así que esto es para ti, amigo, por un trabajo bien hecho y una pelea bien ganada.

In memoriam

Sherrod Redd, Charles Oneal e Indyego (Indy)

ÍNDICE

Tercera parte

Abrazar la libertad

Nota del autor

Los hechos descritos en este libro sí sucedieron. Sin embargo, para proteger la privacidad de ciertas personas cambié algunos nombres, características distintivas y detalles personales.

Si quieres volar, tienes que soltar
toda esa mierda que traes encima.

—Toni Morrison, *La canción de Salomón*

Prefacio

Nací en Detroit, Michigan, en 1972. Para cuando llegué a la adolescencia, las calles ya se habían vuelto mi escuela. La violencia era normal. El miedo era constante. Y en 1991, a los diecinueve años, tomé una decisión que cambiaría mi vida para siempre.

Le disparé a un hombre y lo maté.

Me sentenciaron a entre diecisiete y cuarenta años en prisión. Al final, mi condena fue de diecinueve… siete de ellos incomunicado.

La cárcel está hecha para quebrarte. Las paredes, las reglas, la rutina; todo está planeado para desnudarte hasta que olvides quién eres. Pero lo que yo descubrí es que las prisiones más poderosas no son las que están hechas de concreto y acero. Son las que traemos adentro, construidas con dolor, ira, vergüenza, trauma y dudas personales.

Las que nos mantienen atrapados aunque las puertas estén abiertas.

Y esto es lo que aprendí: las cárceles tienen puertas. Y esas puertas se pueden abrir.

Salí de prisión en 2010 a un mundo donde se esperaba que la gente como yo fallara. Donde el 67.8 por ciento de los hombres que habían estado presos acababan de nuevo tras las rejas en menos de tres años. Pero yo me negué a ser una estadística. En cambio, me volví un estudiante de la libertad: no solo de la libertad física, sino de la mental, emocional y espiritual.

Lo que aprendí adentro de esas paredes no se limitó a cómo sobrevivir: aprendí a reconstruirme, adaptarme y sobreponerme. Y con el paso de los años adquirí una profunda comprensión de la resiliencia, no solo como idea, sino en la práctica.

Hoy enseño esa práctica a otros. Ejecutivos, fundadores, atletas y líderes de clase mundial se acercan a mí, y no porque hayan estado en prisión, sino porque se sienten atrapados.

Algunos combaten el síndrome del impostor y se preguntan si realmente forman parte de las salas donde ya se han ganado un asiento. Otros son emprendedores paralizados por dudas personales, temerosos de tomar riesgos que los conduzcan al éxito. Otros más son padres atrapados en el perfeccionismo, aplastados bajo el peso de las expectativas.

Y ahí es cuando yo les recuerdo cuál es la verdad: Todos tenemos prisiones ocultas. Pero toda prisión tiene una puerta.

Como experto en resiliencia, mi labor está enraizada en ayudar a la gente a liberarse, ya sea de errores del pasado, creencias limitantes o barreras autoimpuestas. Con el paso de los años desarrollé una estructura que ha ayudado a líderes, creadores e innovadores a construir vidas claras, con propósito e impacto.

Esa estructura es el tema de este libro.

Por medio de una narrativa directa y la experiencia adquirida con mucho esfuerzo, te mostraré cómo diseñar tu propio ecosistema de libertad, usando *mindfulness* estratégico, regulación emocional y estableciendo límites que sean útiles para liberarte de lo que te esté deteniendo. No son teorías abstractas: son herramientas puestas a prueba, forjadas en las condiciones más duras que puedas imaginar.

Uno de mis mantras centrales es simple, pero muy poderoso:

«No tengo que esperar a ser libre. Soy libre ahora mismo. Soy libre del peso de mi pasado. No debo mi futuro a antiguos errores».

Este no es un libro más de crecimiento personal. Es un esquema, una guía para cualquiera que se sienta listo para entrar en la vida que está destinado a vivir.

Es hora de ser libres.

Introducción

Quien no tenga el valor suficiente para tomar riesgos, no logrará nada en la vida.

—Muhammad Ali

Las palabras «libertad condicional denegada» estaban encima del papel que tenía en la mano, riéndose de mí con esta segunda negativa. Sentado en la orilla de mi cama, mi percha durante los últimos dieciocho años, estaba atrapado en lo que sentía como un ciclo interminable de confinamiento y decepción. Había crecido aquí, me había transformado de rebelde en escritor, había visto morir a algunos amigos, unos quedaban trastornados y otros se iban, pero regresaban. ¿Algún día me dejarían salir de este lugar?

Mi cuerpo se tensó al tragarme las lágrimas. Me embestían oleadas de emociones; la tristeza fluía hacia la familiaridad de la ira, de la clase que amenazaba con llevarse la poca esperanza que me quedaba. Había hecho todo lo que tenía que hacer, había seguido los criterios de liberación del Departamento de Correccionales y había evolucionado de formas que nadie hubiera pensado siquiera posibles. En los primeros cinco años me etiquetaron como lo peor de lo peor, pero ahora era mentor, tutor y escritor. Sin embargo, volvíamos al principio. Fue como si me sentenciaran otra vez.

Y mientras estaba sentado ahí, sumido en el conocido torbellino de la decepción, poco a poco me di cuenta de una cosa. Podía decidir. Ese momento, por devastador que fuera, me dejaba dos opciones. Podía sucumbir a la depresión, dejar que me arrastrara hacia ese oscuro lugar de desesperanza del que no parecía haber escapatoria, o podía pararme firmemente sobre la esperanza que ya me había ayudado a cruzar muchas aguas turbulentas y usar este revés como una oportunidad de prepararme para la siguiente audiencia y, al fin, para mi libertad.

Como escribió Marco Aurelio en sus *Meditaciones*, «el impedimento a la acción impulsa la acción. Lo que se interpone se convierte en el camino». Esto capturaba a la perfección el trabajo transformador que había estado haciendo por años: la tarea de liberar la mente, el cuerpo y el alma. Fue un trabajo que me retó a abrazar el momento presente como un regalo y una oportunidad. Es una labor que todos somos capaces de hacer.

Que me negaran la libertad condicional fue un obstáculo, pero en el interior de ese momento se encontraba el camino hacia adelante.

Salí de ese episodio con una concentración y una determinación renovadas. Cuando salimos al patio, llamé a mi papá y le di la noticia. Luego caminé por el patio con un amigo del vecindario y le conté lo que iba a hacer cuando me liberaran.

Cuando al fin llegó la tercera audiencia de libertad condicional, me paré frente a la junta no como un hombre que buscara libertad, sino como un hombre que ya se había liberado a sí mismo en su interior. Estaba apaleado y herido, pero seguía de pie. En el momento en que recibí los papeles con el sello de «libertad condicional otorgada», no se dio nada más la liberación del confinamiento físico, sino una validación y una manifestación del viaje que ya había iniciado. Era al fin momento de que yo regresara a mi ciudad, a mi comunidad y a mi familia. En ese instante me di cuenta de que ya había entrado a prisión mucho antes de que me arrestaran, y fui libre mucho antes de que la junta decidiera darme la libertad condicional.

Contra todo pronóstico, había escapado por un ápice el resultado esperado de un joven que servía una condena de 17 a 40 años por asesinato. Habían pasado dos décadas desde la última vez que caminé libre, ya sin el peso de las esposas y los grilletes. A pesar de tener cicatrices de cuando un oficial casi me rompe el brazo, un desgarre no sanado en el ligamento cruzado anterior por otro encuentro y estar mal de la espalda, mi salud mental, mi bienestar espiritual y mi integridad permanecieron, en su mayoría, intactos. Aun así, me debatía con sentimientos de duda y devaluación, vulnerabilidades que podrían haberse visto amenazadas con mi liberación.

En el momento de escribir esto han pasado quince años, y la batalla contra esas voces carcelarias ya supone una guerra larga. Lo que he logrado entender es que la verdadera libertad es un camino, no un destino. Hoy, a través de mi trabajo como autor, orador y emprendedor —cosas con las que soñé durante mi encarcelamiento y tras mi liberación—, he conocido a incontables personas que luchan contra su propia inquietud interna y esas voces externas que las encarcelan: prisiones de dolor, enojo, vergüenza, y la incapacidad de perdonar. En las firmas de libros, después de las presentaciones o de conversar un poco, la gente me cuenta cómo mi historia le ayudó a pasar por un divorcio, superar el suicidio de un hijo o dar el siguiente paso en su carrera. Personas de todas las razas, credos y géneros expresan una profunda gratitud al quedar liberadas de algo que las detenía. Sin importar cuál sea nuestro viaje individual, el remordimiento del superviviente, el trauma y la culpa son dificultades comunes que entorpecen nuestro camino a convertirnos en los individuos que aspiramos a ser. Todos tienen una prisión.

Precisamente por eso quise escribir este libro: para ofrecer herramientas que ayuden a la gente a liberarse de las prisiones emocionales, psicológicas y metafóricas, visibles e invisibles, que la confinan. Mientras que algunos hemos experimentado la encarcelación física, muchos otros se encuentran atrapados por las circunstancias, cumpliendo una condena impuesta por una infancia difícil, por experiencias laborales horribles, por hechos dolorosos y traumáticos, o confinados tras rejas que no existen más que en su mente.

Ahora, sentado aquí en mi oficina, observo mi vida, a la gente que amo, las experiencias que he tenido la bendición de vivir y la forma como me muevo en el mundo con presencia y conciencia, y siento que mi corazón se alinea con algo mucho más grande: amor, alegría, propósito y sanación, para mí y para otros. Al fin me convertí en todo lo que alguna vez, años atrás, imaginé ser. Un artista, un emprendedor, un padre y un esposo. Mi única preocupación hoy en día es pelear contra las partes más profundas de mi alma, y las almas de personas que merecen amor, risa, aprecio y la libertad de solo *ser*. Cada uno de nosotros tiene un propósito liberador, y mi esperanza es que recibas estas lecciones y, sobre todo, crezcas sabiendo que vale la pena pelear por ti, pues mereces ser libre.

LO QUE TENEMOS ENFRENTE IMPORTA MÁS QUE LO QUE DEJAMOS ATRÁS

El 22 de junio de 2023, un día después de mi cumpleaños número cincuenta y uno, y trece años después de mi salida de la prisión, nos invitaron a mi hermano y a mí a la Experiencia de Manejo de Porsche, en Carson, California. Llegamos a una agencia grande y moderna que exhibía una llamativa variedad de Porsches al frente, tanto modernos como modelos *vintage* impecablemente conservados que recordaban a los autos de carrera a escala con que jugábamos de niños. Si había un paraíso para mecánicos profesionales e improvisados, y para fanáticos de los autos, sin lugar a dudas era este lugar.

Por pura suerte, mi instructor resultó ser nativo de Michigan y su encanto acogedor me recordó a casa. De inmediato nos pusimos al corriente de todo lo relacionado con Detroit y Michigan antes de salir a ver los dos autos que me tocaba manejar. El primero era un 911 GT3 amarillo brillante, una hermosa bestia que combinaba capacidades de pista con practicidad urbana. El segundo era un hermoso 911 Turbo color vino que llegaba de 0 a 60 millas en 2.7 segundos y no requería mucho para clavar mi cuerpo en el asiento.

Me subí al asiento del copiloto del 911 amarillo y nos lanzamos a la pista. Practicamos ejercicios de sobreviraje, repasando técnicas para recuperar el control después de un giro. La clave estaba en mantener los ojos fijos en la dirección a la que querías ir, en lugar de aquello contra lo que tenías miedo de chocar. Luego intercambiamos asientos y fue mi turno de abrirme camino por la pequeña pista húmeda. Después de dar unos cuantos trompos, por fin dominé la maniobra y me permitieron echar a andar el Porsche lo más rápido que pude. Pero el verdadero propósito del ejercicio vendría después.

Nos dirigimos a la pista principal. El instructor cubrió el espejo retrovisor y me dijo: «Este espejo es mío. Tienes que confiar en mí». Presintió mi indecisión, así que me empezó a contar su experiencia como corredor profesional y de acrobacias por más de quince años. Se había encontrado todos los escenarios posibles en la pista y había visto las consecuencias de la fijación de ciertos conductores con lo que había atrás, en lugar de enfocarse en el camino que tenían enfrente. Hizo énfasis en que mi único objetivo en la pista debía ser concentrarme en la dirección que quería tomar. Al arrancar, una vocecita me dijo: «¡Tu pasado no define tu camino!».

Si genuinamente deseaba llevar mi corazón al extremo manejando ese auto hasta el límite, debía confiar en mi instructor, sabiendo que él ya había recorrido el camino.

He superado traumas, dolor, culpa y encarcelamiento físico. He tenido éxito más allá de las expectativas consideradas posibles para mí. Excedí toda probabilidad, superé el dolor y adquirí una profunda y potente comprensión del poder del perdón, tanto para mí como para otros. Mi esperanza al embarcarnos juntos en este viaje hacia la libertad personal es que me permitas tomar el espejo mientras tú te encargas del volante.

Cómo usar este libro

Este libro está pensado para ser una guía y también un acompañante en tu viaje a la libertad. Para que les saques todo el jugo a estas páginas, te explico a continuación cómo funcionan en ensamble los distintos elementos:

EL VIAJE DE TRES PARTES

Este libro va progresando naturalmente a la liberación:

Primera parte: Romper las cadenas

Primero, desmontamos lo que nos está deteniendo —el dolor, la ira y la vergüenza— y analizamos cómo estas fuerzas crean prisiones invisibles en nuestra vida.

Segunda parte: Encontrar tu fortaleza

A continuación, adquirimos las fortalezas que sustentan la libertad —la vulnerabilidad, la resiliencia y el perdón—, para crear una base sólida para el crecimiento.

Tercera parte: Abrazar la libertad

Y, por último, construimos una vida definida por nuestras decisiones y no por las circunstancias; para ello abrazamos la determinación, la alegría, el éxito y la libertad duradera.

ELEMENTOS PARA UN COMPROMISO MÁS HONDO

Las secciones «Cavar más hondo» te invitan a explorar por debajo de la superficie de los conceptos y pasar de la comprensión intelectual a la asimilación emocional. Estas emociones te sirven de estímulo para enfrentarte a verdades difíciles sobre ti mismo y tus experiencias.

Las diferentes llaves te ayudan a pasar a la acción con pasos prácticos para implementar lo aprendido. Considéralas tus herramientas para abrir puertas específicas en tu viaje a la libertad. Transforman conceptos abstractos en prácticas concretas que puedes empezar hoy mismo.

A lo largo del texto aparecen citas y perlas de sabiduría como momentos de inspiración y reflexión. Son extractos de conocimiento que sirven como piedra de toque; ofrecen claridad en momentos difíciles y te invitan a hacer una pausa y considerar cómo se aplican esas verdades a tu propia vida.

CÓMO ACERCARSE A ESTA OBRA

Este no es un libro para leer con prisas. Cada capítulo abunda en el anterior, pero la libertad no es algo lineal: puede ser que de pronto, conforme vayas asimilando nuevas enseñanzas, quieras regresar a secciones anteriores.

Te animo a:

- leer con un propósito, quizá con un diario a la mano para registrar pensamientos y revelaciones;
- practicar los ejercicios, incluso (y sobre todo) los que te incomoden;
- ser paciente contigo mismo, sabiendo que la transformación toma tiempo, y
- encontrar una comunidad, de ser posible, pues hablar con otras personas sobre estos conceptos puede hacer que los comprendas más profundamente.

Recuerda, este libro no solo describe la libertad: está hecho para ayudarte a experimentarla. Aquí el conocimiento es poder solamente cuando se aplica a tu vida. Tu viaje de libertad es singularmente tuyo, pero no lo estás haciendo solo.

PRIMERA PARTE

ROMPER LAS CADENAS

CAPÍTULO 1

Dolor

No quiero escribir esto.
Quiero contarte cómo me siento ahora mismo.

—Mos Def

Me quedé viendo la punta de mi pluma contra el papel. Era la mañana del 1° de enero de 2021. Mi meta era simple: escribir mis propósitos para ese año. Había adoptado esa práctica sentado en una celda dos décadas antes.

Escribir lo que deseaba manifestar en mi vida se había vuelto una práctica constante. Sin embargo, ese día, en lugar de escribir sobre el futuro, estuve rumiando el año anterior. Muchas cosas habían cambiado. Mi hijo Sekou y yo nos mudamos a nuestra nueva casa, solo cinco meses antes de que Estados Unidos se paralizara por el covid.

Mientras lidiábamos con las clases en casa y el trabajo remoto, adoptamos un cachorrito de la pandemia llamado Indyego y conocí a una maravillosa mujer llamada Liz.

En esa primavera de 2021, cuando ya las nubes grises y mohosas del invierno se empezaban a disipar, les compré boletos de avión a mi papá y a mi madrastra para que vinieran de Detroit a visitarme a Los Ángeles. Era la primera vez que nos veíamos en persona desde el inicio de la pandemia y la primera vez que visitaban la ciudad en su vida. Fue maravilloso. Tuvimos largas conversaciones y tomamos cocteles en el patio, frente a la fogata; mi papá y yo nadamos en la alberca, visitamos el Muelle de Santa Mónica y disfrutamos comidas juntos. Fuimos al Museo Afroamericano de California, donde tuve el honor de ser parte de una exposición llamada *Hombres valientes,* junto con figuras como LeBron James, Ryan Coogler y Kendrick Lamar. Les conté de mi nueva novia y lo mucho que me emocionaba que por fin la fueran a conocer en persona.

—Hijo, una buena parte de estar en una relación consiste en aprender cómo recibir la forma tan única de amarte que tiene esa otra persona. Si comunicas cómo deseas ser amado y estás abierto a que te amen a su manera, estarás bien en general —dijo. Mi papá solía terminar sus reflexiones filosóficas con «en general». Se refería a que las cosas en una relación no siempre eran cien por ciento positivas, pero que estaríamos bien siempre y cuando aceptáramos esta realidad.

Al mes siguiente, Liz y yo nos íbamos a conocer en persona y a viajar juntos por primera vez. Nos había presentado un amigo mutuo, Trabian, en diciembre de 2020, a través de una llamada que, como supimos después, ninguno de los dos quería tomar. La conversación entre nosotros fluyó sin problemas y empezamos a platicar cada noche hasta que decidimos conocernos en persona. Liz voló a Los Ángeles y al día siguiente nos fuimos por carretera a la bahía Half Moon, donde pasamos varios días juntos, riendo y comiendo caramelos de agua salada y conociéndonos. Seguimos hablando todos los días cuando Liz regresó a Chicago, y luego volvió para ayudarme a celebrar mi cumpleaños y mi aniversario de vuelta a casa en junio.

Me emocionaba mucho presentarles a Liz a otros amigos y me sentía nervioso de compartir mi arte con ella. Pude hacer ambas cosas cuando mis amigos Ben y Felicia organizaron una lectura de mi nuevo libro. A pesar de los nervios, estaba contento de que Liz pudiera verme hacer lo que amo, y me sentí orgulloso de que estuviera ahí para ver esa ovación de pie. Nos la pasamos increíble, y yo estaba en la cima del mundo. Mi trabajo iba bien, Sekou cada vez estaba mejor en la vida y en la escuela, mi arte evolucionaba y mi corazón se abría de nuevo al amor.

Estaba en el cielo.

Luego, el 12 de julio, recibí una llamada de mi papá sobre mi hermano.

—Encontraron a Sherrod muerto de un disparo en la cocina de una casa del lado oeste —dijo, y se le quebró la voz. Todo pareció congelarse en ese momento… hasta la música que se oía de fondo. Se me vaciaron los pulmones de aire y no pude decir ni una palabra. Sentía los dedos y el teléfono como bloques de hielo—. Sherrod está muerto —alcanzó a decir antes de que su voz se transformara en un lamento que me hizo estremecer.

La última vez que vi a Sherrod estábamos parados afuera del Templo Masónico de Detroit, un magnífico y elegante edificio que se extendía sobre Third Street como un *grand jeté* perfectamente ejecutado. El viento gélido de noviembre nos latigueaba mientras hacíamos nuestro mejor esfuerzo por ponernos al corriente de todo lo que había sucedido desde la última vez que nos vimos. Hablábamos seguido por teléfono, pero mi vida en Los Ángeles era muy activa y era difícil volver a Detroit con la frecuencia que hubiera querido. Él también había estado en prisión y su libertad condicional prohibía que viniera a verme a Los Ángeles.

Sherrod era mi hermanastro. Nos conocimos en 1985, cuando nuestros padres empezaron a salir. Él era el más chico de tres y yo era el cuarto de seis. Cuando, cinco años después, nuestros padres se casaron, de tener cinco hermanos, de pronto tuve ocho. Me emocionaba tener más hermanos: mi hermanastro mayor, Kidd; mi hermanastra mayor, Vanessa, y mi nuevo hermanito, Sherrod. Entre Vanessa y yo había la clásica tensión adolescente, pero nos volvimos mejores amigos muy rápido. Nos peleábamos por el teléfono y nos contentábamos con música, comida rápida y hierba que ocultábamos de nuestros padres. Kidd y yo conectamos con los deportes, y aun si no hablábamos mucho de grandes, desarrollamos un vínculo y un respeto mutuo a través de nuestra correspondencia cuando estuve en prisión.

Con Sherrod fue diferente desde el principio. Cuando nuestros padres empezaron a salir, Sherrod era un niño gordito y tímido de primaria, y me emocionaba mucho por fin tener un hermano pequeño. Estaba ansioso por enseñarle a defenderse de los *bullies* del barrio, a moverse en la cancha de basquetbol y a hablarles a las chicas. Pero había un gran problema: a Sherrod no le interesaba nada de lo que a mí me interesaba. En cambio, quería comer botanas y jugar videojuegos. Se convirtió en el típico hermanito molesto.

Sherrod estaba en la preadolescencia cuando nuestros padres se casaron, y a mí me condenaron a prisión poco después. Me partió el corazón dejarlo solo.

Unos seis años después me escribió para decirme que pensaba en mí porque usaba una chamarra que yo había enviado a casa desde la cárcel. Su carta me conmovió profundamente, pues me mostró el hueco que yo había dejado en la vida de mi familia.

Cuando al fin me liberaron, me dio mucha emoción reconectar con Sherrod y mis otros hermanos, pero poco después de ir a casa, a Sherrod lo condenaron a ocho años de prisión por dispararles a tres personas. Eran de nuestro barrio; vivían al final de la cuadra. Atacaron a Sherrod y a su novia: los golpearon cuando Sherrod se negó a darles dinero. Consiguió una pistola, fue hasta donde estaban y les disparó y dejó heridos a los tres.

Estuve ahí el día que lo sentenciaron y no pude evitar pensar que de alguna manera le había fallado al no poder mantenerlo lejos del sistema. Por años mandé cartas a casa pidiéndoles a los hombres de mi familia y de mi barrio que no tomaran las mismas malas decisiones que yo. «No dejen que una decisión de treinta segundos se convierta en una cadena perpetua», solía escribir, repitiendo lo que escuchaba en el patio de la prisión año tras año.

Ahora estaba ahí, imaginando a Sherrod pasar por el mismo infierno del que yo acababa de salir. Me rompía el corazón pensar en las requisas al desnudo, la violencia y la indignidad de todo aquello. Traté de mantener la compostura y le prometí a Sherrod que estaría ahí para él y me aseguraría de que le sacara el mayor provecho a su sentencia. El tiempo tan duro que pasé ahí me había granjeado amigos y relaciones en la misma prisión donde estaba él ahora. Sabía que podía contar con ellos para mantener a mi hermano a salvo y por buen camino.

A lo largo de su encarcelamiento le mandé libros que me inspiraron a mí: *Como un hombre piensa, así es su vida*, de James Allen; *Piense y hágase rico*, de Napoleon Hill; *El secreto*, de Rhonda Byrne, y libros sobre artistas, emprendedores y figuras históricas. También me aseguré de que tuviera grandes mentores y lo animé a aprovechar las clases que le ofrecieran. Me escribía seguido y quedé impresionado de su crecimiento intelectual y su perspectiva. En nuestras cartas y llamadas compartimos cosas que nunca antes habíamos podido comentar: el divorcio de sus padres, el matrimonio de nuestros padres y todas las emociones que evocaban esas experiencias. Nuestros padres nunca nos hablaron de nada de eso; solo nos aventaron a todos a una vida juntos y esperaron lo mejor. La generación de nuestros padres vio nacer las palabras «A la mierda con los hijos», algo de lo que hoy bromeamos y nos reímos. Así que encontramos nuestro camino y luchamos a cada paso para dejar de ser hermanastros y volvernos hermanos de verdad. Con el tiempo dejó de haber distinción y fuimos simplemente una familia.

Le prometí a Sherrod que iría a verlo, pero pasaron años antes de que la administración de la cárcel aprobara mi visita, a pesar de que éramos familiares. Un día, Sherrod me llamó para decirme que estaba tomando una clase y el libro de texto que usaban incluía algunas citas de cosas que yo había escrito estando en prisión. Su emoción y su orgullo eran tangibles, y le dije que significaba muchísimo para mí que estuvieran usando mis palabras para ayudar a otros hombres encarcelados a encontrar su propia voz. También le conté de los retos de comprar una casa, cómo era vender libros y abrirme camino de manera legal. Incluso nos reímos de algunas experiencias con comida que había descubierto desde que volví a casa, como el sushi, el pulpo y el *wagyu*. Cada vez que me veía en televisión o leía sobre mí en alguna publicación a la que tenía acceso, encontraba la manera de comunicarse conmigo solo para hacerme saber que aumentaba su determinación de hacer lo correcto cuando volviera a casa.

Estaba muy emocionado de que volviera. Quería compartir mis aventuras con él. Quería que viera el océano y quedara impactado, igual que yo la primera vez que lo vi. Quería que viajara al extranjero, comiera cosas raras y encontrara su propio sentido de paz y propósito, así como yo había encontrado el mío. Incluso hablamos de que se fuera conmigo a Los Ángeles una vez que le dieran la libertad condicional.

Sherrod cumplió su palabra y permaneció enfocado en su educación. Se ganó su diploma de asociado en prisión y estaba trabajando en su maestría, la cual terminó poco después de ser liberado. Fue un gran momento para nuestra familia, y yo estaba muy orgulloso de él, porque sabía lo difícil que es seguir comprometido con una meta, y todavía más difícil cuando tienes un delito en tu historial.

Mi hermanito desafiaba todos los pronósticos y soñaba con nuevas posibilidades cuando su vida se acabó abruptamente por una bala, dejándolo como una estadística más en la larga fila de víctimas de un ambiente donde ir en contra de las expectativas era tan imposible como tener una maestría.

Como tantos otros al salir de prisión, Sherrod estaba intentando planear su vida. Ahora estaba muerto, y los detalles de su asesinato eran indignantes. El sospechoso era alguien que mi hermano consideraba un amigo. Había partido el pan en la mesa del comedor de nuestra casa y actuado su papel de buen amigo. Yo me sentía devastado, desolado y comprimido en un furioso remolino de emociones: ira, tristeza, pensamientos de venganza, vergüenza y culpa. Yo había devastado a mi familia, y ahora mi familia había quedado devastada. Yo había tomado una vida e infligido el mismo dolor por el que ahora pasaba mi familia. Me sequé las lágrimas y me guardé muy adentro mis sentimientos… pero eran muy intensos.

Llamé a Liz, con las lágrimas corriéndome por las mejillas. Sin dudarlo, ofreció volar a Los Ángeles y ayudarme a empacar mi maleta para el largo viaje a casa. Le dije que no, pero en su sabiduría, vino de todos modos. Una vez que llegó a Los Ángeles, le pedí que me acompañara a Detroit, y lo hizo. Su presencia y su habilidad para sacar adelante toda la logística me permitió estar enteramente presente para mis padres y mis hermanos. El peso del duelo no se debe llevar solo, y a pesar de encontrarme en medio de una tormenta emocional, pude ver con toda claridad que Liz no se iba a ir a ningún lado. Nuestros ángeles aparecen cuando más los necesitamos.

En el avión, saqué mi laptop y usé ese tiempo para liberar las palabras que me estaban ahogando, atoradas en algún punto entre la boca del estómago y la garganta. Nunca me imaginé tener que vivir un luto sabiendo que yo también había matado a un hombre. Estaba consciente de que, si no escribía, me iba a desmoronar. Vacié el contenido de mi corazón y mi mente en una carta, cuyo primer borrador parecía una cloaca descarnada. Pero seguí refinándola y la terminé en el estacionamiento del hotel.

> Le escribo a la persona que tomó la vida de Sherrod. Aunque no me conoces personalmente, conoces a mi familia. Conoces a detalle nuestro hogar, el sonido de la risa de mis padres, el sabor de la comida cocinada y servida con el mismo amor que el resto de los amigos de nuestra familia ha llegado a disfrutar. Así que, aunque no me conocieras en persona, nuestras vidas están conectadas de una forma que ojalá no fuera posible, y que se extiende desde la vida de mi hermanito hasta su muerte. Hace treinta años, en julio de 1991, tomé una decisión terrible y reprochable. Le disparé a un hombre y lo maté.

No era solo cualquier hombre: era padre, hijo, esposo y un amigo querido para quienes lo conocieron. Este fin de semana, tú también le disparaste a un hombre y lo mataste… Era mi hermano menor, Sherrod: hijo, tío, hermano y amigo de muchos. Aunque solo poseo fragmentos de las circunstancias que condujeron a su muerte, la realidad es que tú y yo hemos provocado un dolor y una pena inconmensurables a las familias de los hombres a los que sacamos de este mundo.

La vida de mi hermano fue más que una colección de momentos; fue un tapiz completo de lo que significa ser humano, incompleto e imperfecto de todas las formas posibles en una vida vivida. A pesar de sus problemas y su pasado, mi hermano iba por el camino correcto y su vida era valiosa. Hago una pausa aquí porque me pregunto si, en tu imprudente indiferencia por la vida de Sherrod, en algún momento creíste que la vida es valiosa solamente cuando entra en una cajita cuadrada y bien ordenada, o cuando está libre de los retos y desafíos de la vida cotidiana. Al reflexionar sobre la muerte de mi hermano, siento una gama inmensa de emociones, incluyendo furia y desolación. Es una realidad muy dura que aplasta con su peso mi alma, y siento una tremenda culpa al saber que yo provoqué que otra familia experimentara el mismo dolor y la pérdida que mi propia familia está sufriendo hoy. Es una carga terrible ser tanto víctima como culpable de violencia armada.

Nada podrá traer de vuelta a mi hermano, así como nada podrá devolverle la vida al hombre que yo maté. Es una realidad que aplasta mi alma bajo su peso al imaginar ahora cómo será caminar por Detroit y ver rostros vacíos adondequiera que vaya. Nada volverá a ser igual, jamás. Nuestra familia nunca más escuchará la risa de mi hermano ni sus chistes interminables ni sus sueños para el futuro. Nuestros amigos de Ferguson Street, donde Sherrod y yo crecimos, nunca podrán pasar en su coche o caminando por la casa y ser recibidos o vistos de la misma manera.

La alegría y la diversión que alguna vez caracterizó la casa de mis padres quedaron reemplazadas por el dolor y una profunda rabia. El orgullo que alguna vez sentí por Detroit ha quedado despedazado de una manera que nunca pensé posible. Sentado ahora en el estacionamiento de mi hotel, todo lo que puedo pensar es en los demás lugares donde preferiría estar, de vuelta en Los Ángeles, en mi hogar. Pero aquí estoy, a escasos días de enterrar a mi hermano, consciente de que mi alma ha cambiado para siempre.

Incluso en medio de una espantosa pérdida, mis pensamientos se desviaban hacia tu alma, y era contradictorio con otro pensamiento muy básico. Por un lado estaba enojado, y por otro hallaba el camino hacia la compasión. Pensaba en lo terrible que debió haber sido tu trauma para llevarte por este camino. Me sentía confundido, y sin embargo, mi esperanza era que un día encontraras la sanación y la paz de las que considero capaces a los seres humanos. Esperaba que encontraras la fuerza para enfrentar tus propios demonios y te redimieras de alguna manera por el daño que hiciste. Y sobre todo, esperaba que encontraras una forma de aportar algo positivo y significativo al mundo, como un modo de honrar la vida de Sherrod y las vidas que quedaron cambiadas para siempre por tus actos.

Me preguntaba si te habrías sentido igual, si estarías atormentado por la culpa de haber matado a Sherrod y el dolor de saber que tu amigo está ahora muerto. Me preguntaba si te habrías arrepentido de la cruel decisión de dejar el cuerpo de Sherrod para que mi padre y mi hermana mayor lo descubrieran. Me preguntaba si habrías entendido el peso de lo que hiciste, la onda expansiva que tus actos tendrán en nuestras familias y nuestro vecindario. Me preguntaba si serías capaz de sentir empatía y remordimiento, o si te quedarías consumido por la ira y la violencia.

Pero sobre todo, me preguntaba por qué. ¿Por qué decidiste jalar el gatillo para acabar con la vida de mi hermano y destrozar tantas otras? ¿Qué pudo haber estado pasando por tu mente en ese momento que justificara quitarle la vida a otro ser humano? No sé si estas preguntas tendrán respuesta algún día, o si el dolor por la pérdida de mi hermano disminuirá con el tiempo.

Pero ojalá encuentres una forma de comprender la gravedad de lo que has hecho y el impacto que ha tenido en tanta gente. Espero que encuentres una forma de redimirte y busques perdón antes de tu muerte, no solo por ti, sino por todos los que quedamos afectados por tus acciones.

Sinceramente,
Shaka

No soy un hombre perfecto:
intento hacer lo mejor que puedo
con lo que sea que tengo.
No soy un hombre perfecto:
intento hacer lo mejor que puedo
con lo que sea que tengo.

Cuando regresé a Los Ángeles después de enterrar a Sherrod, caí en un profundo duelo, un laberinto de tristeza, ira y culpa. Preguntas sobre mi propia mortalidad, el futuro de mi hijo y de todos los niños que salían de donde yo había salido, rondaban mi conciencia como avispas defendiendo su nido. ¿Qué pude haber hecho diferente? ¿Por qué una muerte violenta es algo que le ocurre con tanta frecuencia a la gente que viene de donde yo vengo? ¿Dios está enojado con los hombres negros? ¿Qué hubiera pasado si hubiéramos crecido en otro ambiente? ¿Y si le hubieran permitido a Sherrod estar en libertad condicional en Los Ángeles, conmigo, y empezar su vida aquí?

Al igual que muchas personas cuando sufren una pérdida, me flagelaba. Me pateaba el trasero pregunta tras pregunta, cada una azotándome, y casi no me daba tiempo de recuperarme. Mis pensamientos estaban atrapados, como los carros arrastrándose por el tráfico de Los Ángeles. Fue una de las partes más duras de mi duelo: un segundo te estás riendo o pasándolo bien, y, pum, como un mazo estrellándose en una pared de cartón, se te hace un hoyo por dentro.

Parchar, empastar y alisar el hoyo tomó tiempo, presencia y acción. El primer paso fue aceptar el dolor junto con la ira y la vergüenza que se abrió en mi interior. «Mi hermanito está muerto». Tan solo decirlo en voz alta me permitió empezar a mover mi corazón y mi mente hacia adelante. Lento pero seguro, me permití llorar a Sherrod y llorar todas las cosas que no iba a tener oportunidad de compartir con él y que él ya nunca iba a lograr ni a experimentar. Pensé que nunca tuvo oportunidad de ser papá ni marido, ni de tener su propia casa.

Hace unos años escuché a alguien en televisión decir que la parte más importante de tu vida es el guion entre tu fecha de nacimiento y tu fecha de defunción. 11 de marzo de 1978-guion-9 de julio de 2021. Ese fue el guion de mi hermano. ¿Qué quería decir? Significaba que mi hermano había vivido una vida llena de risa, amor y pérdida, y que tuvimos la suerte de tenerlo con nosotros durante ese tiempo. A eso me aferré para poder volver a vivir mi vida. El guion de duelo entre que Sherrod naciera y muriera me había dado una nueva perspectiva. El dolor trajo consigo el regalo de la presencia, lo cual me obligó a enfocarme en la gratitud. A pesar del desconsuelo por su muerte, tenía una profunda sensación de gratitud por su existencia. Reflexionar sobre su ausencia me hizo estar más agradecido por el tiempo que pudimos compartir cuando estaba aquí, en el mundo físico. Mi gratitud era tan firme que me devolvió a mi centro con la comprensión de que ser agradecido es una de las mejores formas de experimentar la magia de esto que llamamos vida.

Después de la comida por el funeral, tras haber leído y respondido todas las tarjetas de condolencias, y al terminarse mis dos semanas de permiso por duelo en mi trabajo, me dije a mí mismo que tenía que volver a subirme al columpio de la vida. En realidad, el duelo por mi hermano apenas empezaba.

Ahora existía en un estado de dolor funcional. Volví al trabajo, estuve en incontables reuniones por Zoom y tomé llamadas. Seguía y seguía. El dolor se va a todas partes y a ningún lado. Se esconde entre las grietas de los instantes, a veces como un ladrón y en ocasiones para traer regalos. El dolor no tiene un botón de pausa; no espera. A veces te asalta de pronto, otras veces te acecha, acercándose sutilmente cuando estás hecho un mar de lágrimas, o estallas en cólera, o te quedas con un nudo de depresión. En otras ocasiones te tiene sonriendo y riéndote con algún recuerdo de tu ser querido. Tiene una magia fea la forma como se manifiesta en esos momentos.

Cuando quedé vacío de dolor, me llené de trabajo y de proyectos en casa. En vez de eso, debí haber mandado todo a la mierda y tomado el tiempo para sanar de verdad. Permitirnos vivir nuestro luto por completo y con honestidad es un acto de liberación. Es una llave maestra que puede desbloquear todas las demás rejas de la prisión en la cual acabamos. Nadie atraviesa la vida sin experimentar pérdidas ni puede escapar al dolor, pero te puedes liberar del enojo, de la culpa y de la depresión que provocan.

Empezaba a liberarme del gancho del dolor, pero no podía controlar enteramente las oleadas de emoción; sin embargo, podía permitirme parar y reconocerlas por completo. Aprendí a mostrarme un poco de gracia, ternura y consideración. La gracia significa que te das permiso de adentrarte en tus sentimientos para procesarlos íntegramente. La ternura significa darte permiso de sufrir y recargarte en tu sistema de apoyo. La consideración significa extender esa misma gracia a otros y comunicarte de manera efectiva con las personas a tu alrededor.

Aprendí además que el dolor se manifiesta de muchas formas contraproducentes: en ropa lavada que no guardas, en platos sucios apilados en el fregadero, en arranques contra tus seres queridos, en dormir de más, en dormir de menos, en comer en exceso, en beber en exceso y en fumar más. Estaba de malas, impaciente, menos amable, y más concentrado en mis metas que en la gente de mi vida.

Las partes pesadas eran la culpa, la ira y el remordimiento del que sobrevive. Una y otra vez me interrogaba a mí mismo como si fuera un sospechoso en *The First 48*. ¿Qué pude haber hecho? ¿Qué pude haber dicho? ¿Qué medidas pude haber tomado para ayudar a cambiar los resultados?

Sí, estaba sanando, pero al mismo tiempo vivía un ajuste de cuentas. El dolor de perder a mi hermano y la culpa por mis propios errores estaban acabando conmigo.

En el pasado, cada vez que me sentía mal, convertía ese dolor en energía para triunfar y lograr alguna meta externa. Pero en el proceso, me estaba encarcelando por dirigir esa energía creativa hacia afuera y no a mi interior.

Para liberarme de esta prisión de dolor, recé con fervor, medité diario, creé un mantra de gratitud que decía *Estoy agradecido, hasta por esto*, y escribí mis pensamientos sobre la vida. Con cada palabra escrita o hablada iba escalando hacia la salida, momento a momento, mientras pensaba en lo orgulloso y asombrado que mi Sherrod estaría. Casi tres años después de la muerte de Sherrod me topé con este pasaje al leer *Martes con mi viejo profesor*, de Mitch Albom. Al hablar con Mitch sobre un sueño, Morrie dice: «Eso es lo que todos estamos buscando. Una cierta paz sobre la idea de morir. Si al final sabemos que lograremos hacer las paces con la muerte, entonces podremos dedicarnos por fin a lo que es realmente difícil». ¿Y qué es eso? «Hacer las paces con la vida».

No todos tenemos la oportunidad de prepararnos para la muerte ni hacer las paces con ella. Sherrod claramente no la tuvo. Pero mientras sigamos respirando, podemos estar presentes en la vida y al mismo tiempo hacer las paces con el dolor. Con ese conocimiento llevé mi atención hacia lo que podía hacer con las personas a mi alrededor. Podía compartir mi amor, mis aprendizajes, mis recursos, y estar enteramente presente con la gente de mi vida. Pero debía empezar conmigo primero.

Una noche, tres meses después de que enterráramos a Sherrod, el otoño en Los Ángeles se estaba retrasando en una confusión de días de un calor abrasador y noches divinamente cálidas. Liz y yo estábamos en casa, descansando después de empacar para un viaje próximo. Ese día habíamos dejado a Indy, nuestro perro, con su nuevo entrenador, y la casa se sentía en silencio sin él. Justo antes de acostarnos, sonó mi teléfono. Era el entrenador para decirnos que fuéramos a verlo a la clínica veterinaria. Habían atropellado a nuestro adorado cachorro y estaba muerto. No podía creerlo.

Me fui corriendo al veterinario. El doctor me llevó a la parte de atrás a ver a Indy. Se veía sereno, como si estuviera profundamente dormido abajo de la manta. Pero no estaba dormido; nuestro grande y hermoso perrito ahora estaba muerto. Me aguanté las lágrimas con un esfuerzo hercúleo al subir a mi camioneta y dejarme caer en el asiento. Me quedé ahí sentado tratando de controlarme; se sintió como varias horas, aunque estoy seguro de que fueron solo unos minutos. La imagen de Indy ahí acostado, muerto, en un frío hospital veterinario, chocaba con la imagen que tenía de Sekou en casa, acostado a salvo en la comodidad de su cama, y la visión de Liz esperando a que yo entrara por la puerta.

Repasé la conversación con el entrenador. Dijo que a Indy se le había salido el collar después de tratar de morder a un peatón. El nudo en mi estómago se apretó porque sentía que estaba mintiendo. Quería saltar de la camioneta y enfrentarlo. Estaba en un mal lugar y poniéndome peor. La parte oscura y reprimida de mí me instaba a desquitarme, pero no solo por Indy, sino por Sherrod. Como dijo Carl Jung: «Desafortunadamente, no cabe duda de que el hombre es, en general, menos bueno de lo que imagina o quiere ser. Todos cargan una sombra, y entre menos se manifieste en la vida consciente del individuo, más oscura y densa será».

Cuando asesinaron a Sherrod, algunos familiares y los amigos del barrio querían sangre y venganza, pero hablé con ellos. Iba en contra de mi propia ira y del código callejero en el que me había criado, pero estaba exhausto de ver a nuestra comunidad atrapada en un ciclo de trauma y violencia. Ahora desafiaba internamente mi principio fundamental de que todos pueden redimirse, convicción que había compartido públicamente. Me sentía orgulloso de cómo guié a los amigos del barrio y a nuestras familias a través de todo eso mientras reprimía mis propias fantasías de venganza.

Pero aquí estaba de nuevo, peleando contra mi sombra. Luego me cayó el veinte: era demasiado tarde para proteger a Sherrod o a Indy. Los dos se habían ido. A los únicos que podía proteger estaban en casa, uno durmiendo y la otra esperando a que yo volviera. Tenía que ir a casa. Salí a toda velocidad del estacionamiento, todavía conteniendo el río de lágrimas que ya amenazaba con desbordarse de su presa.

A la mañana siguiente, acostado en la cama, revisando Instagram sin ton ni son, me topé con la página del entrenador y lo vi con su hija, jugando con un hermoso pastor alemán. La foto me envió de vuelta por esa espiral de rabia incandescente. Quería atropellar a su perro para que sintiera lo que yo. La sombra se había despertado.

Sabía que nunca llevaría al acto esos pensamientos, pero necesitaba sentir la emoción cruda de mi ira y enfrentar esas ideas destructivas. Después de todo, solo puedes saber con certeza si has cambiado cuando enfrentas algo que cuestiona tu idea de quién eres. Así que ahí estaba, enfrentado a mi sombra, tratando de vivir mi duelo y tratando de amar al mismo tiempo. Le conté a Liz mi oscura fantasía y ella me ayudó a purgar mi corazón y procesar mi duelo de verdad. La muerte de Indy, con el asesinato de Sherrod tan reciente, desenterró emociones que pensé que había procesado.

Al final tuve que aceptar que mi hermano Sherrod no iba a volver, que Indy tampoco iba a volver y que nuestras vidas habían cambiado para siempre. Pero abajo del dolor estaba la ira, una rabia descarnada, ardiente, por lo injusto que era todo. Y luego estaba la vergüenza, colándose como un huésped indeseable. Vergüenza por lo que no veía, por lo que no podía cambiar y por las preguntas que no dejaban de acosarme: ¿Debí hacer más? ¿Qué pude haber hecho para prevenirlo? ¿Debí investigar más al entrenador o leer más reseñas de su trabajo? El dolor, la ira, la vergüenza, todas enredadas en un mismo amasijo. Cobrar conciencia de esto era crucial; me mostró que sanar no consiste tan solo en lidiar con la pérdida, sino en encarar y comprender las complejas capas de emoción que la acompañan.

Superarlo no significa que olvides. Yo nunca podría olvidar a mi hermano Sherrod ni a Indy, nuestro hermoso cachorro. De hecho, todo lo contrario; vivir mi duelo me permitió estar agradecido y recordar aún más esos hermosos momentos sagrados. En las primeras etapas después de las muertes de Sherrod e Indy, me sentí adormecido, luego enojado, luego triste. Estaba enojado con mi ciudad y con mi barrio, con el hombre que le disparó a mi hermano, con el entrenador y con la vida. Superarlo dio lugar a un compromiso más profundo para acabar la violencia armada, para amar sin miramientos y prepararme para querer al siguiente perrito que llegara a mi vida.

Casi tres años después de las muertes de Sherrod e Indy, tentativamente sentía que las cosas estaban mejorando. Dejé la empresa donde había estado trabajando y me aventuré por mi cuenta como emprendedor. Liz y yo estábamos profundamente enamorados, nos habíamos comprometido y estábamos preparando nuestra boda. A Sekou le iba bien en la escuela, sacaba A en todo, jugaba futbol, basquetbol y futbol americano, a la vez que hacía nuevos amigos. Había sido un estudiante brillante en la escuela primaria Baldwin y tenía maestros que lo adoraban. En su nueva secundaria tocaba el piano, jugaba videojuegos y se dedicaba a ser un niño. Destacaba en todo con una facilidad que me dejaba anonadado.

Luego, un día, lo llevaron de emergencia al hospital, donde tras unas horas espeluznantes lo hospitalizaron tres días y le diagnosticaron diabetes tipo 1. Una nueva cavidad de pena acababa de abrirse en mi corazón. Ahora vivía el duelo de perder esa aparente invulnerabilidad de Sekou y la comodidad de ser su protector.

—¿Me voy a morir, papá? —me preguntó mientras estábamos sentados en el jardín del hospital.

—No, hijo, no te vas a morir —respondí con toda la confianza de que fui capaz, mientras por dentro me caía a pedazos. Sabía que no era el único padre que debía hacer frente a esa pregunta; ya había visto a muchos padres llorando, yendo de un lado al otro por los pasillos de la unidad de pediatría.

Era mi niño, mi maravilloso hijo, que se mostraba ante el mundo con amor, curiosidad y la sonrisa más encantadora. Mi pequeño e inteligente artista, a quien había logrado proteger del mal que yo había visto de niño. Pero ahora su propio cuerpo se volteaba en su contra.

Después de asegurarle que no moriría, dije:

—Hijo, a veces el universo les da a sus guerreros batallas que ellos no pidieron, pero cuando un guerrero abraza esas batallas indeseables, se convierten en un regalo para sí mismos y para otros. Tú eres un guerrero. Tu nombre, Sekou Akili, significa líder erudito, y si hay alguien que pueda liderar a través de tiempos difíciles, eres tú, hijo. Juntos ganaremos esta batalla, pero tú nos tienes que guiar, ¡porque la batalla te la dieron a ti!

—Yo nos guiaré, papá —me contestó, recargándose en mi hombro.

Con una mano le acaricié el cabello mientras con la otra me limpiaba las lágrimas.

LA NATURALEZA IMPLACABLE DEL SUFRIMIENTO

Como dice el dicho, en retrospectiva todo se ve claro. Pero el sufrimiento distorsiona nuestra percepción. He pasado incontables horas haciéndome las preguntas difíciles: ¿no percibí las señales de la salud de Sekou? ¿Pude haber encontrado un mejor entrenador para Indy? ¿Cómo pude haber prevenido el encarcelamiento o el asesinato de Sherrod? Esta clase de interrogatorio personal se puede volver una pesada manta de vergüenza, conduciendo a una vida llena de remordimiento, ira y duda.

Hay muchas formas de sufrimiento en esta vida: sufrimos por decisiones pasadas, por amistades perdidas, por relaciones que terminaron, por el final de nuestra juventud y por los trabajos que dejamos atrás. Cada uno viene con su propio conjunto de remordimientos y cuestionamientos: ¿renuncié muy pronto? ¿Di suficiente? ¿Hice suficiente investigación? ¿Di lo mejor de mí? El duelo de estas pérdidas puede ser tan profundo y duradero como el duelo de perder a un ser querido.

EL PESO DE LA RABIA Y CÓMO SANAR

El dolor suele traer consigo rabia, una emoción que parece implacable. Como dientes de león brotando en una colina, la rabia surgía incontrolable y no había nada que pudiera soplar el polen ni pedir un deseo. Tenía que sentarme con ella, enfrentarla y dejarla ser. Como un nadador inexperto enfrentando la resaca, seguí luchando contra la marea de mis propias emociones con la esperanza de que se apareciera un salvavidas que viniera a salvarme de mí mismo.

En esos momentos oscuros me sentaba a platicar con Liz, que me tomaba la mano y me escuchaba mientras yo me quejaba de la injusticia de todo aquello. Quería dejarme llevar por esa rabia, desatarla, pero sabía que esa ya no era la persona que yo quería ser. Te jode la cabeza intentar vivir un duelo y amar al mismo tiempo, sobre todo cuando tu cultura no crea ese espacio para que te sientas enteramente humano.

ENCONTRAR RESILIENCIA Y PROPÓSITO

El dolor me ha enseñado la importancia de encontrar un propósito y aferrarte a él: no dejar que nada se interponga en tu camino. Me ha hecho apreciar todavía más los momentos, las experiencias, la gente, las mascotas. Con el tiempo, encontré solaz en la canción «Umi Says», de Mos Def, que se volvió mi himno matutino: un recordatorio de que debo seguir adelante, honrar mi dolor y usarlo como combustible.

El dolor viene en capas, abriéndose una tras otra para revelar una nueva capa de dolor o de recuerdo. Extraño las discusiones que teníamos mi hermano y yo, nuestros chistes privados, las parrilladas en Ferguson Street y los días que nuestra casa estaba llena de música, risas y vida. Ninguno de mis amigos tuvo una muerte tranquila; fueron víctimas de matanzas, carne y metal retorcido, un resultado muy común en nuestro barrio. Es una realidad de la que esperaba escapar, pero el dolor y la pérdida son parte de la vida. Y ahora extraño a Indy y nuestros paseos por el pacífico vecindario, y extraño la espontaneidad de ir por un helado o una rebanada de pizza con Sekou sin contar carbohidratos y sin tener que verlo clavarse una aguja.

ENCONTRAR LUZ EN MEDIO DE LA OSCURIDAD

El dolor es el mejor maestro, y en sus lecciones encontramos la fortaleza para seguir avanzando. La muerte de Sherrod generó un panorama nuevo de nuestra dinámica familiar, uno que a la fecha seguimos aprendiendo cómo atravesar. Nuestros seres queridos ausentes son piezas faltantes que completan nuestro cuadro, recordándonos que nadie merece quedarse solo en una casa de recuerdos vacía.

Es posible que el dolor nunca suelte su agarre, pero nos moldea, nos da forma, y a su dolorosa manera, nos impulsa a encontrar significado en los momentos que nos quedan. Nos enseña que el viaje no se trata de superar el dolor, sino de llevarlo con nosotros, permitiendo que forme parte de nuestra historia, aunque no le permitamos definir quiénes somos.

CAVAR MÁS HONDO

Esto es lo que quiero que hagas en este preciso instante: quiero que pares y hagas una meditación reflexiva. ¿Cómo se manifiesta el dolor en tu vida? ¿Cuáles son todas las distintas maneras en que se ha manifestado?

Pensar en mis respuestas a estas preguntas y escribirlas me ayudó a desenterrar los mitos que me había estado contando a mí mismo. Observar esos mitos fue el primer paso para quedar libre de ellos y para aprender a comunicarme de forma efectiva con las personas que de verdad estaban ahí para ayudarme.

Mito 1: Tienes una cantidad limitada de tiempo para superar el dolor.
Mito 2: El dolor termina en algún momento.

Mito 3: Nunca volverás a experimentar alegría, amor ni éxito.
Mito 4: No vas a mejorar.

Estos mitos, como tantas otras falsedades que nos contamos a nosotros mismos, crean barreras ocultas que son difíciles de ver, y aun más difíciles de abandonar. La realidad, sin embargo, es que el dolor no tiene un cronograma estricto: cada persona puede atravesar por su pérdida de una manera singular y auténtica. Si bien puede sentirse como que el dolor nunca se irá, lo cierto es que puede evolucionar y convertirse en una parte de la vida menos abrumadora, que con el tiempo aprendemos a llevar con nosotros de otra manera. Es un mito que el dolor impida tener alegrías, amor o éxitos en el futuro; en realidad estas experiencias sí pueden coexistir con él, y sirven de recordatorio para agradecer el tiempo que aún tenemos con nuestros seres queridos. Por último, aunque en un principio puede parecer imposible, el dolor sí se vuelve más manejable; poco a poco se transforma en una fuente de resiliencia, comprensión más profunda y determinación renovada.

LLAVES PARA PROCESAR EL DOLOR

1. Crea un espacio para el dolor

- Aparta un tiempo para dedicarte a sentir tus emociones a plenitud. Puede ser una hora tranquila a solas o la visita a un sitio que tenga un significado especial.
- Date permiso de llorar, escribe o simplemente hazte acompañar de tus sentimientos sin juzgar.

2. Honra la naturaleza no lineal del dolor

- Comprende que el dolor no sigue una calendarización predecible.
- Acepta las fluctuaciones como algo normal, no como señales de regresión o debilidad.

3. Practica la gracia, la ternura y la consideración

- Ten gracia contigo mismo abrazando tus sentimientos para procesarlos a fondo.
- Practica la ternura dándote permiso de sentir el dolor y confiando en las personas que te apoyan.
- Por consideración a los demás, comunícales efectivamente tus necesidades.

4. Practica la conexión, no el aislamiento

- Comparte tu experiencia con otros que puedan acompañarte en tu dolor sin tratar de precipitarte a la sanación.
- Recuerda que cuando cargas el dolor tú solo, se hace más pesado.

Recuerda que permitirte sentir el dolor plena y honestamente es un acto liberador. Es una llave maestra que puede abrir todas las otras puertas carcelarias tras las que nos encontramos.

Todos sufrimos pérdidas alguna vez en la vida, pero puedes liberarte de la ira, la culpa y la depresión que traen consigo si aceptas el proceso en lugar de luchar contra él.

CAPÍTULO 2

Ira

No se te castigará por tu ira: tu ira te castigará.

—Buda

Mi ira era un huésped indeseable, parecido a un fantasma que se infiltra en la casa de alguien y se queda a vivir ahí sin que el dueño lo sepa. De niño nunca me vi como alguien iracundo, al contrario. Solía ser el bien portado, el que se llevaba con todos, el joven prometedor que ganaba becas y estaba en el cuadro de honor. Me ganaba la admiración de los padres de mis amigos por ser amable y cortés, y era el niño que mi familia veía como el faro de esperanza para un futuro exitoso. Mis padres, entusiastas, me animaban a leerles a mis abuelos y presumían mis dibujos, y mi tío John me sacaba de la cama a rastras para bailar como Michael Jackson para toda la familia. Era un chico guapo y genial, con sueños idealistas, y me veía a mí mismo siendo artista o doctor, ocupaciones que consideraba nobles y altruistas de una manera creativa. En ese sueño de la infancia podía servir a la gente o crear una forma de ayudarla a sentirse mejor.

Todo eso cambió cuando traicionaron mi confianza de la peor forma posible. Pasé de ser el niño que limpiaba la nieve de la entrada de los vecinos y los ayudaba a cortar la fruta de sus árboles, a ser el niño que robaba en las tiendas y se peleaba en la escuela. Ese joven brillante y estudioso, con un futuro tan prometedor, ahora traía una máscara de rudeza y no actuaba conforme a la educación que había recibido. Aunque no tenía el léxico adecuado para describirlo entonces, era un niño herido que se convirtió en un joven violento y les ocasionó daño a muchos, incluyendo a sí mismo.

Cuando crecí, fui perdiendo poco a poco el control de mis emociones, enojándome más y atreviéndome a más en mis andanzas adolescentes... Pensaba que mi ira era una fuente de poder. Pero lo cierto es que la ira me había atrapado, me tenía encerrado en una jaula interna que al final me conduciría a un encarcelamiento físico y a un confinamiento solitario.

Varios años después de iniciada mi sentencia, viví una temporada particularmente oscura. En solitario, y sin poder desquitarme con el hombre de la celda de al lado, me quedé con nada más que pensamientos llenos de rabia y ningún lugar a dónde mandarlos. Tomé una pluma y empecé a escribir con brutal honestidad, vertiendo todo lo que había estado guardando en el interior. Lo que quedó dolorosamente claro conforme las palabras llenaban la página fue que mi ira no solo me controlaba… estaba estrangulando la poca bondad que me quedaba adentro.

Mientras estaba en confinamiento solitario descubrí al autor Louis L'Amour. Sus palabras vinieron a mí: «La ira es algo que mata: mata al hombre que la siente, pues cada enojo lo deja siendo menos de lo que había sido… le quita algo». La ira me lo había quitado todo a mí, incluyendo mi libertad. Me robó mi autocontrol, mi dignidad y la capacidad de coexistir pacíficamente con otros. Pero en esa celda solitaria, leyendo mis propias palabras en un momento de quietud, tomé la decisión de recuperar todo lo que la ira me había robado: mi sentido de seguridad emocional, mi amor propio y mi propósito. Pero todo era mío y podía reclamarlo.

LA JAULA DE LA IRA

El tintineo de las llaves, el rechinido de los baúles al abrirse y el ocasional exabrupto mezclado con blasfemias formaban una sinfonía discordante: la banda sonora de mi confinamiento solitario en la Correccional Oaks, al oeste de Michigan. Era febrero, uno de los meses más fríos en

Michigan, con incesantes nevadas que cubrían el patio de la prisión por varios días.

Esperé, como siempre, el cambio de guardia —el turno de la mañana que relevaba al de la noche— antes de salir, renuente, de mi cama. Usé el retrete de metal en la esquina de mi celda antes de lavarme los dientes en el lavabo oxidado que estaba pegado a la pared. Al volver a mi cama miré por la minúscula ventana. Trabajadores con deslucidos trajes blancos empujaban carritos de comida a través de doce pulgadas de nieve, trabajo extenuante que me hacía ponderar la ironía de un empleo de tiempo completo en la prisión (nosotros empezábamos a diecisiete centavos la hora) y del desempleo endémico de los barrios donde la mayoría habíamos crecido.

Después de inhalar el aroma de mi desayuno, que consistía en huevos verdes aguados, pan quemado y húmedo, y polenta hecha piedra, esperé la pregunta matutina del oficial: si quería salir a tomar mi hora de recreo. Los guardias odiaban sacarnos y yo detestaba por igual esas jaulas, una fila de ocho, no más grandes que una perrera. Pero aun en el frío glacial, salir al patio era la única opción que tenía para dejar mi celda al menos una hora, cinco días a la semana. El nivel donde se encontraba mi celda había estado relativamente tranquilo en el último par de días, y, por el frío, pocos de los hombres habían salido. Pero anhelaba un poco de aire fresco, un descanso del hedor y la locura del pabellón. Cuando el guardia se acercó, asentí con la cabeza indicando mi intención de enfrentar con valor el gélido exterior. Después de todo, no era más que una hora.

Mi guardarropa en la prisión básicamente consistía en una chamarra deslavada azul y naranja que nos proveía el Estado, zapatos baratos de plástico y guantes que más parecían de jardinería que para sobrevivir el frío. Esposado y con grilletes en los tobillos, avancé poco a poco por el pasillo. Las esposas se me enterraban en las piernas con cada paso, uno de los tantos precios dolorosos de tener acceso al aire libre. Salí al frío y me apuñaló. Empecé a arrepentirme de haber dejado la semicálida atmósfera de la celda, pero mis pulmones y mi piel rogaban por un poco de aire, así que seguí. Desde una de las jaulas ahí cerca, un hombre llamado Dos Tonos, por su piel grumosa y dispareja, soltó algún comentario de burla. Lo miré, pero mi respuesta fue escueta. Tenía reputación de abrir mucho la boca dentro de la seguridad de su celda, pero entre la población general del patio no era tan bravucón. Llamamos a los tipos como Dos Tonos gánsteres de celda: les gusta decir idiotez y media cuando están guardaditos y seguros detrás de la reja de su celda en confinamiento solitario, pero cierran el pico cuando los enfrentan en el patio.

Yo no tenía ganas de que me relacionaran con él ni con ninguno de los bocones de solitario. Aprendí muy pronto algo de los viejos: «Si un hombre no está dispuesto a cumplir una condena perpetua o morir por ti, no lo consideres un verdadero amigo». Era nuestra forma distorsionada de medir la amistad. El patio de la cárcel estaba lleno de fugaces alianzas por conveniencia, y yo buscaba evadir el drama.

Pero Dos Tonos iba a salir al patio, y mientras los guardias le quitaban las esposas, empezó a joder. Los guardias solo sonrieron.

Durante la siguiente hora, corrí varias vueltas pequeñas en círculo entre series de flexiones. Mi hora ya casi terminaba y estaba húmedo y congelado, pero los guardias no se veían muy apurados por volvernos a meter. En cambio, cada cierto tiempo, alguno asomaba la cabeza por la puerta del pasillo, solo para cerrarla con una carcajada. Estaban estirando deliberadamente nuestro tiempo en el frío, un crudo recordatorio del poder que ejercían. Era solo un vistazo de la brutalidad intrínseca del sistema, donde los actos de uno podían tener consecuencias para todos. Odiaba pagar el precio de las cagadas de otros, y Dos Tonos la había cagado, enjaretándonos al resto la cuenta. Horas después, cuando los guardias me conducían de vuelta a mi celda, me debatía entre el frío que me calaba los huesos y la tempestuosa rabia desbordándose. Mi impotencia en esa situación disparó mi ira, y me costaba mucho trabajo no perder el control. Podía sentir mi derrota en la batalla.

Con los pies y las manos adormecidos por el frío, miré a los guardias directo a los ojos y les juré que, cuando saliera de ahí, me los iba a cargar. Uno de ellos me miró fijamente y murmuró:

—Nunca vas a salir de aquí, cabrón.

Sus palabras mordaces me atravesaron, y sentí cómo mi puño congelado luchaba por cerrarse, mientras las esposas me apretaban las muñecas. Diablos, ¿y si nunca salgo de aquí? Tenía hombres cerca que habían estado en solitario diez o veinte años.

De vuelta en mi cama, escuché una sucesión de rápidos golpes contra la pared de la celda. Era John, un tipo de la celda de junto que acababa de volver de la unidad de custodia protectora.

—¿Me puedes dar un par de humos a crédito hasta que vaya a la tienda? Te prometo que te pagaré todo lo que te debo.

John me debía cigarros desde hacía dos semanas y no podía creer que tuviera la osadía de pedirme más a crédito. John encendió mi ya de por sí corta mecha y estallé.

—Hombre, vete a la mierda, todavía ni pagas lo que me debes.

Unos minutos después, decidió contraatacar apagando la luz de mi celda usando una grapa de una revista. Era una de las formas en que los hombres en solitario se hacían la guerra unos a otros. Ese apagón significaba que no podía poner jazz en la pequeña radio que usaba para bloquear el sonido y el caos del ambiente. Los ataques del día no paraban: primero los guardias, luego la temperatura helada y ahora este corte de luz. Mi ira ya había llegado a su máximo.

—Perra, te voy a matar cuando tenga la oportunidad, me importa una mierda si tengo que ir a la unidad protectora para cargarme tu trasero de puta —amenacé por debajo de la puerta.

Durante la siguiente hora, más o menos, planeé mi revancha. Mi mente corría como el proverbial hámster en su rueda con un círculo incesante de fantasías de venganza. No había manera de tener acceso a John ni a los guardias de ninguna forma que pudiera satisfacer directamente mi ira. Pero esa rabia había consumido los últimos años de mi adolescencia y mis años de juventud, conduciéndome a peleas, balaceras, robos y todo lo demás. Era una vida de la que estaba cansado, una vida de profundo sufrimiento. A diferencia de la cita de Fiódor Dostoyevski en *El sueño de un hombre ridículo*, yo no quería sufrir para entonces poder amar; yo quería amar y estar libre de esta ira para dejar de sufrir.

Después de caminar por mi celda para calmarme, me senté otra vez en la cama, bajé la cabeza y empecé a meditar y luego a rezar. Medité para despejar lo brumoso del momento y recé para liberarme, tanto mental como físicamente. Pero estaba en medio de una profunda angustia por esa fiesta de autocompasión cuando me aplastó una poderosa idea: necesitaba expresar mis pensamientos iracundos, escribir sobre la oscuridad que me había engullido. Era aterrador.

Una voz me dijo que lo sacara todo, sin importar lo doloroso que fuera o la vergüenza que me diera. Tomé la frágil pluma de plástico que nos daba el Estado y empecé a describir a detalle qué le haría a mi vecino John cuando tuviera la oportunidad. Entre más puntualizaba mis fantasías, más deseaba dejar de escribir, pero seguí adelante, esperando saciar la ira que sentía. También me estaba obligando a reconocer la verdad de en quién me había convertido. En el segundo año en solitario, a los veintiocho años, cuando servía mi noveno año de condena, enfrenté esas preguntas acechantes: ¿Cuánto era capaz de empeorar si no cambiaba? ¿Cómo pasé del sueño de ser doctor a vivir mis mejores años en una prisión? ¿Por qué era tan propenso a enojarme y a ser violento cuando las cosas no se hacían como yo quería? Escribir sobre lastimar a John me condujo a un profundo proceso que era tan desgarrador como iluminador. Había pasado por tanto trauma que mi auténtico yo amoroso y feliz estaba por completo bajo tierra. Entre más escribía, los detalles de mi viaje traumático me permitieron ver al fin que yo era el único responsable de lo que pasara con el resto de mi vida. Solo yo podía abrir la puerta de la jaula que me tenía esclavizado. No importaba si el custodio tenía razón y yo nunca salía, si John seguía siendo un imbécil pusilánime o si me veía forzado a congelarme a cambio de la oportunidad de respirar un poco de aire fresco; el resto de mi vida dependía de mí. Era mi elección cómo me sentía y, sobre todo, cómo me comportaba.

Así que escribí. Escribí sobre el dolor, la ira, las traiciones y mis propias fechorías. Escribir no es un acto pasivo para vomitar y olvidar; no es cosa de garabatear tonterías. Escribir un diario de forma activa te obliga a ponerte las pilas y tomar tu vida por las riendas. Te tienes que obsesionar con los detalles y escarbar hasta encontrar la verdad. A pesar del confinamiento físico, escribir me dio la satisfacción de seguir adelante. Sentarme junto a mi verdad me obligó a actuar.

Escribí como un hombre desesperado por entenderse a sí mismo, con la esperanza de encontrar un camino hacia la transformación. Estas páginas son tanto un encuentro de titanes como un escape del abismo, una liberación de mi pasado, de mi rabia y de mi confinamiento. Como dijo Thich Nhat Hanh con tanta precisión: «Dejar ir nos aporta libertad, y la libertad es la única condición para la felicidad». Fue un viaje que empezó con el reconocimiento de mi vergüenza, de mis decepciones y de mis fracasos, y esperaba que me condujera a las experiencias más alegres y más liberadoras de mi vida. También me obligó a enfrentar todas las cosas jodidas que me habían pasado en la vida y a reasignar la responsabilidad a quienes me habían ocasionado daño.

Reasignar la responsabilidad fue uno de los avances más potentes que descubrí escribiendo. Sí, a fin de cuentas, yo era responsable de sanar, pero no era responsable de las cosas que me rompieron en primer lugar.

CUANDO PERDER LA CONFIANZA CONVIERTE LA IRA EN FURIA

Crecer en Camden Street era como crecer en una cuadra de superhéroes. La mayoría de los hombres y mujeres de nuestra calle tenían empleos que se celebraban y admiraban el día de educación vocacional. Mi padre estaba en las reservas de la Fuerza Aérea y el papá de un amigo que vivía a dos casas era infante de marina. Nuestros padres dejaban asombrados a los niños de la cuadra con sus uniformes bien planchados, sus cuerpos musculosos y las insignias que indicaban su rango. Había una vecina que era policía y otra que era enfermera. Sin embargo, había dos hombres en la cuadra que destacaban más que ningún otro a nuestros ojos. Uno era Walter King, que era cinta negra en karate y ganaba muchas competencias de artes marciales, y subrayo *muchas.* Su sala era testigo de sus victorias, con trofeos más altos que yo. El otro hombre se llamaba CM, vivía justo enfrente de nosotros y también decía ser cinta negra. Él no tenía trofeos que lo demostraran, pero hacía un trabajo increíble para convencernos de que era el más temible artista marcial negro de Detroit, si no es que de todo el mundo. Hasta nos dijo que había entrenado con el famoso campeón negro de karate convertido en estrella de cine Jim Kelly.

Su manera de presumir su destreza en el karate muchas veces nos dejaba a mis amigos y a mí discutiendo sobre quién ganaría si él y Walter King se pelearan. Nuestras discusiones se volvían muy intensas al señalar sus fortalezas y sus debilidades. Si bien Walter King era más grande y más musculoso, CM era más magro, estaba marcado y nos había dicho que entrenó con los mejores del mundo. Para nosotros, todo se reducía a poder contra velocidad. Eran finales de los setenta y principios de los ochenta, cuando el karate y el kung-fu eran nuestra vida. Pero por intensos que fueran nuestros pleitos, nos daban más alegrías que enojos.

Durante ese tiempo, las artes marciales lo fueron todo en nuestro vecindario. Intercambiábamos pósteres de Bruce Lee y comentábamos películas de kung-fu que veíamos los sábados. Incluso había una escuela de karate en la esquina, cerca de nuestra casa. Recuerdo a los niños más grandes usar zapatos de karate por moda y a nosotros los chicos usar palos de escoba, cadenas y clavos oxidados para hacer chacos. Así que esos idolatrados héroes de artes marciales superaban a cualquier hombre o mujer trabajador de nuestra cuadra.

Era sábado en la noche cuando mis amigos y yo decidimos ir a la función doble de películas que CM organizaba una vez al mes en su casa. Cobraba más o menos cincuenta centavos a cada niño, nos daba palomitas y vendía dulces baratos. Afuera de la casa de CM, junto con sus sobrinas y sobrinos, comiendo dulces y esperando a entrar, nos preguntábamos en voz alta si nos pondría *Operación dragón* o nos sacaría un susto de muerte con el personaje de Michael Myers en *Halloween*. De cualquier manera, estábamos preparados para que nos asustara o nos dieran ganas de practicar karate entre nosotros. Vimos las películas, y comimos dulces y palomitas hasta bien entrada la noche. Cuando llegó el momento de irnos, CM preguntó si alguno de nosotros se quería quedar a pasar la noche y ver más películas con su sobrino y sus sobrinas, que se quedarían a dormir. Les daba mucha emoción hacer una piyamada y a nosotros nos emocionaba la promesa de más botanas. Corrí por la calle y le rogué a mi mamá que me dejara quedarme; cuando accedió, corrí de vuelta todo entusiasmado.

Pasamos las siguientes dos horas viendo películas y jugando en el sótano. Cuando llegó el momento de irnos a dormir, CM empezó a asignarnos camas a cada uno. Dos niños se podían quedar en la cama de su hijo, otro par podían dormir en el sillón y su hijo y yo podíamos dormir en el piso de su recámara. En aquel entonces no era raro usar colchonetas en el piso de la casa de algún familiar o amigo para dormir, así que ni lo dudé. Fuimos a su habitación, nos acostamos encima de las cobijas que habíamos apilado en el piso y nos quedamos dormidos. No sé cuánto tiempo llevaba dormido cuando sentí una mano en el hombro, sacudiéndome para que despertara. Era CM, y susurraba algo. Apenas recuerdo la primera parte de lo que murmuró, pero lo que más recuerdo es que me preguntó si quería jugar con él. No entendía por qué quería jugar en la noche, y se lo dije. Entonces me preguntó si quería ir a su cama desnudo a jugar con él. Me empezó a retumbar el corazón en el pecho. Mis papás nos habían advertido de hombres y mujeres malos que querían hacer cosas raras con los niños, aunque nunca nos dijeron exactamente qué cosas. Pero lo que CM me estaba pidiendo sonaba raro. Me empecé a asustar y sentí que de alguna manera me iba a meter en problemas con mis papás, pero de todas formas quería irme a casa. Prefería enfrentarlos a ellos que estar en esa habitación con ese hombre raro preguntándome cosas raras. Le dije a CM que me quería ir a mi casa. Me tomó fuerte de los hombros y me dijo que no me podía ir a mi casa, pero que me acostara en el sofá con los demás niños. También apretó los dientes y me dijo que no les dijera ni una palabra a mis papás.

Salí corriendo de su recámara y me fui a la sala. Me encogí lo más que pude para meterme en una esquina del sofá. En ese momento odié a CM y todo lo que alguna vez me había gustado de él. Odiaba el olor de su casa, las palomitas baratas y sus anécdotas exageradas como supuesto artista marcial. Me juré a mí mismo que iba a aprender karate y le iba a patear el trasero cuando fuera más grande y más fuerte. Sabía que era demasiado chico para defenderme y tuve la suerte de ser lo suficientemente precoz para saber que algo no estaba bien. Me recuerdo acostado en el sillón, temeroso de quedarme dormido, mientras pensaba en los demás niños del vecindario. Recuerdo que algunos dejaron de ir a su casa o de asistir a las películas de los sábados, incluso algunos de sus sobrinos y sobrinas. Pero nunca nadie dijo por qué. Todo tenía sentido ahora.

Cuando me fui a mi casa a la mañana siguiente, quería contarles a mi papá y a mi mamá, pero me sentía muy avergonzado y tenía mucho miedo. Como muchos padres de aquel entonces, los míos no creaban ese espacio para que los niños nos sintiéramos seguros de acercarnos a ellos si teníamos algún problema.

No dije nada. El miedo se quedó conmigo, pero también sentía cómo se convertía en ira y determinación. Tenía que hacer algo.

METERTE PARA SALIR

Como un año después, cuando yo tenía once, estaba jugando en la noche enfrente de mi casa con algunos niños más grandes cuando empezaron a hablar de cómo ganar un poco de dinero. Siempre estábamos recogiendo botellas en los callejones para canjear el reembolso de diez centavos, y también cortábamos el césped de los vecinos o quitábamos la nieve para ganar unos cuantos dólares. Pero estábamos creciendo, y nuestros deseos estaban creciendo. Siempre teníamos hambre y tratábamos de juntar suficiente dinero para comprar papitas Better Made Chips, refresco Faygo Pop y paquetes baratos de galletas que costaban dos por un dólar. Uno de los tipos, a quien apropiadamente llamábamos Rata, sugirió que nos metiéramos a casa de alguien.

A mí me aterraba la idea. Ya se habían metido a unas cuantas casas otros niños más grandes del vecindario, y por la forma como nuestros padres hablaban de ello, sonaba horroroso e irrespetuoso. La ola de robos había empeorado tanto que muchos de nuestros vecinos de toda la vida se habían mudado a otra parte. Nunca olvidaré la tristeza de ver a una pareja ya mayor, llamados Mary y John, irse de su casa. Ya no tendríamos el pan de pasas casero que hacía Mary ni John nos despeinaría el pelo cuando nos contara historias de Ty Cobb, leyenda de los Tigres de Detroit. Yo no quería hacer que nadie en nuestro barrio se sintiera así, excepto una persona: el maldito pervertido que vivía enfrente.

La idea de profanar la casa de terror de CM se sentía bien. Quería lastimarlo de verdad y dejarle saber que alguien en el vecindario no lo quería ahí. Cuando les dije a mis amigos qué casa debíamos robar, justo al otro lado de la calle, pensaron que estaba bromeando. Les conté de las dos videocaseteras y las televisiones, junto con los instrumentos musicales de CM, y se emocionaron.

—Vamos —dijo uno de los niños antes de cruzar la calle disparado.

Todos lo seguimos y nos quedamos parados a un costado de la casa, temblando nerviosos como si nos hubiéramos drogado con caramelos Jolly Rancher y Now & Later.

Era evidente que no había nadie. Seguí a los demás alrededor del perímetro de la casa en lo que intentábamos encontrar una ventana que no estuviera cerrada. La única que logramos abrir daba al sótano. Entré yo solo, con el plan de abrir la puerta de arriba para dejar entrar a los demás. La última vez que había estado en esa casa fue la noche de la piyamada. Aunque conocía bien el espacio, todo se sentía extraño. Todo lo que estaba en el sótano parecía más grande y casi animado con vida propia. Subí corriendo las escaleras hacia la puerta lateral y rápidamente descubrí que necesitaba una llave para abrirla desde el interior. Atravesé la cocina hacia la sala para probar la puerta de entrada, justo a tiempo de ver el destello azul y rojo de las luces pintando el interior de la casa.

Mi pequeño corazón latía como un bombo. Alcancé a oír a un policía hablar con uno de los niños, amenazando con patearle el trasero por querer meterse a la casa. Al principio parecía que el oficial no se había dado cuenta de que yo estaba adentro. Me fui de puntitas al cuarto de CM y me metí abajo de la cama. Incluso desde mi escondite, podía ver hacia la salida y las luces de lo que parecía una legión de policías rodeando la casa.

Poco después se enteraron de que yo estaba adentro y me hablaron a través de la ventana, diciéndome que abriera la puerta lateral. Les dije que las dos puertas estaban cerradas con llave. Me dijeron entonces que intentara alcanzar la ventana para que pudieran jalarme hacia afuera. Me tomaron de las manos y de la parte trasera de los pantalones, y me arrastraron por la ventana. Tenía rasguños y pedacitos de vidrio en las manos, pero por lo demás, no tenía nada.

Cuando mis ojos se ajustaron a la oscuridad, pude ver que había un pequeño grupo de nuestros vecinos parados enfrente, mirando. No conocían a los niños con los que estaba, pero todos en la cuadra me conocían a mí. Hasta podía oír a varios vecinos preguntar «¿Ese es Pumpkin?», mi apodo de la infancia, y decir cosas como: «Tú sabes que eso no se hace» y «No puedo creerlo». Luego levanté la vista y vi a mi madre ahí parada, negando con la cabeza. Mi mamá y yo teníamos una relación compleja, pero a pesar de nuestros problemas, yo no quería romperle el corazón ni avergonzarla. Esperaba que el policía me dejara con mi madre, pero no: le informó que tenía que ir a la comisaría con el resto del grupo hasta que el dueño decidiera si quería presentar cargos o no.

En la comisaría número 9 me quedé sentado en una celda de vidrio durante varias horas antes de que los policías volvieran al fin con noticias: el dueño, CM, no quería presentar cargos. Me subieron otra vez al coche y manejamos el corto camino hasta mi casa.

Cuando llegamos a la casa de Rata, nos recibió su mamá en camisón, pegándole de gritos. Tan pronto como los policías lo bajaron de la patrulla, lo arremetió y le dio una sarta de palmadas en la cabeza, diciéndole lo estúpido que era. Empecé a temblar como cachorrito mojado pensando qué me pasaría a mí cuando llegara a casa. Ya había anticipado los intensos latigazos del cinturón que seguramente me rasgarían la piel. Conforme nos acercábamos a mi casa, sin embargo, el miedo a la golpiza se convirtió en ira. CM era el hijo de perra que se había salvado de que le robaran la casa, y eso me encabronaba. Pero de camino a mi castigo, la gente con la que estaba enojado eran mis padres. Ellos eran adultos. No debieron confiar en CM para empezar. Si me hubieran protegido, no estaríamos en esa situación.

LO QUE ESTÁ ADENTRO TIENE QUE SALIR

Décadas después, estaba sentado en una celda leyendo una vieja entrada de mi diario sobre lo que le quería hacer a CM. Sentí una inquietante vergüenza. Pero con la mente en calma, ahora podía ofrecerle a ese niñito dentro de mí el tan esperado abrazo emocional que necesitaba.

Había estado intoxicado de ira casi toda mi vida, y ahora, por primera vez, estaba haciendo las paces con la forma en que esa ira me había permitido escapar de la verdades que, en cambio, necesitaba mirar directo de frente. Por muchos años, para detrimento mío, usé la ira para sortear la dinámica de poder de la prisión. Entre más me enojaba, más poderoso y menos vulnerable me sentía. Acostado en mi cama, encaré un miedo que había dejado enterrado hacía mucho tiempo: el miedo de mí y el miedo por mí. Encaraba una profunda vergüenza, el miedo y los secretos que había guardado por años. Encaraba a ese niñito roto que se había convertido en un hombre roto, enojado y peligroso.

Era hora de enfrentar la oscuridad en mi interior y encontrar la manera de volver a la luz que conocí de chico. Nunca me había sentido más indefenso ni más desesperado que cuando me vi obligado a lidiar con mis propios pensamientos. Revivir los traumas de mi pasado mientras luchaba contra mi rabia hacia CM me había dejado drenado.

Necesitaba un respiro de la lectura de mi diario, así que busqué consuelo en pasajes de uno de los libros en mi escritorio, entre ellos la *República*, de Platón, antes de caer en un sueño inquieto y plagado de imágenes. En uno de los sueños me vi a mí mismo en un escenario antiguo —el Liceo tal vez—, rodeado de hombres que se preparaban para un acalorado debate. El ambiente cambió y de pronto estaba desnudo, de pie en una morada pequeña y oscura, cara a cara con mi oponente… mi yo enojado. Por primera vez en mi vida, era el yo enojado contra el auténtico yo, mis mejores ideas de mí mismo contra mis peores pensamientos sobre mí mismo. Era una guerra. Esta batalla onírica de mi yo anterior cargando contra el nuevo yo en el que intentaba convertirme me dio dos importantes lecciones sobre la vida. Mientras te quede aliento en los pulmones, puedes volver y darle seguridad a ese niño inocente. Y si tienes el valor suficiente para enfrentar lo peor que eres, te puedes convertir en la mejor versión de lo que eres.

En los días subsecuentes, en mi celda, abriéndome paso a través de una áspera oración tras otra sobre mi cuaderno, ahondé en mi trauma del pasado, en mi ira y mi violencia. Al cavar entre esas capas en busca de mi auténtico yo, lo que me impactó fue esto: los detalles de nuestra ira no importan tanto como lo que decidimos hacer con ella. Muchas veces, las fuentes de la ira ya se fueron hace mucho, y tenemos el poder de elegir cómo respondemos a su recuerdo.

Había descifrado el código y me había dado cuenta de que estaba lenta pero firmemente escapando, liberándome con sabiduría, y tenía un testimonio que gritaba desde lo más profundo de mí, en forma de tinta que sangraba hacia el cuaderno maltratado que aferraba con fuerza entre mis manos.

Por primera vez en mi condena, me di cuenta de cuál era mi propósito en la vida, mi razón de ser: estar libre de todas las cosas que ya no me servían o que me estorbaban en el camino hacia una verdadera felicidad.

Me di cuenta de que la ira me había encarcelado años antes de que la policía me pusiera las esposas. Y si bien no podía controlar cuándo me dejarían salir, ahora entendía que tenía la llave de mi propia libertad. Fue este despertar lo que me condujo al camino para sanar.

La cultura de mi familia y de mi comunidad nunca me alentó a ser abierto con los demás, y ese silencio llevó a un mundo de dolor para mi víctima, para mi familia y para mí. En casi todo mi andar hacia la libertad, evité hablar con mis padres sobre la ira que me llevó a buscar venganza, a volverme violento y a pasar tiempo en prisión. No fue hasta la semana de mi cumpleaños número cincuenta que empecé a cambiar eso. Por separado, pero en conversaciones igualmente profundas con cada uno, las cosas se pusieron pesadas.

Mi ira hacia CM era adecuada, pero seguido dejaba que mi rabia me hiciera disparar al blanco equivocado. Obtuve una verdadera libertad al reconocerlo y al tomar decisiones que honraran mi doloroso pasado, pero sin quedar yo ni los demás en un dolor aún más profundo. Me habían condenado por delitos violentos y había cumplido una dura condena. Estos hechos estaban, y siempre estarían, grabados en mi nombre, pero no definían todo lo que yo era ni lo que había sido.

Mi ira no desapareció con una entrada de diario, ni después, con la puerta de una celda que se abría. Estaba encontrando claridad sobre la fuente real de mi ira, pero eso no desaparece mágicamente para nadie que haya enfrentado trauma, sea abuso sexual, maltrato infantil, violencia emocional o falta de respeto.

El poder y el control residen en la elaboración de herramientas que nos ayuden a reconocer nuestros detonantes. Las herramientas no son complicadas; son cosas como escribir en tu diario, hablar con un amigo de confianza o salir a manejar mientras escuchas una canción que te levante el ánimo. Al final, la meta es transformar la energía de esa furia en combustible para el amor propio, para la creación, para la acción, para reafirmar qué es lo correcto. O en mi caso, hacer lo que el rapero Rakim cuando dice: «Empiezo a pensar y luego me hundo en el papel, como si yo fuera tinta».

Al cumplir cincuenta, me descubrí a mí mismo buscando lo familiar y dándole la bienvenida al poder de las palabras, pero en esta ocasión, en lugar de escribirlas con una pluma cualquiera, hice ese par de llamadas a mis padres y les conté la verdad de dónde había empezado todo. Se sintieron devastados, pero lo más importante es que estuvieron presentes para escucharlo.

EXAMEN PROFUNDO

Si alguna vez hubo alguien capaz de ayudarte a planear y ejecutar tu propio escape de la ira, sería alguien como yo. A lo largo de mi juventud y mis años como adulto joven, mi ira se manifestó de múltiples maneras: una actitud defensiva, confrontaciones y la incapacidad de resolver conflictos sin violencia, cerrarme, tomarme las cosas como algo personal y recurrir a extremos en situaciones difíciles. Durante mucho tiempo usé la ira como máscara protectora y fuerza revitalizante, pero de hecho me estaba quitando alegría, felicidad y satisfacción. Pensé que la máscara mantendría lejos a la gente que pudiera hacerme daño, pero en cambio se aseguró de que nadie pudiera tocar mis vulnerabilidades ni lograra establecer una conexión profunda conmigo. Esto empezó a cambiar conforme escribía, y con el tiempo me hice preguntas profundas y penetrantes.

A través de mi diario me di cuenta de que, al reconocer los eventos dolorosos de mi juventud, podía llevar la culpa hacia quienes realmente me habían hecho daño. Me tomó un rato, pero eventualmente desarrollé una verdadera empatía y compasión por mi yo de joven, y comprendí que era meramente un niño que buscaba protección, seguridad y cuidado.

Gracias a la escritura, la lectura y la meditación, pude al fin recolocar la culpa donde en verdad pertenecía.

CAVAR MÁS HONDO

Hoy te invito a reflexionar sobre estas preguntas: ¿cómo es que la ira ha entorpecido tu camino hacia una verdadera felicidad? ¿Cómo ha influido en oportunidades de carrera o de negocios, amistades y relaciones, o en cómo te ves a ti mismo?

Estas reflexiones pueden servirte de guía para comprender tu propia vida: ¿cómo puedes reasignar las culpas de manera adecuada? ¿Y cómo puedes reconocer cuando la ira te está encerrando en una prisión autoimpuesta?

Librarte de la ira no significa que vivas en negación respecto a su origen, pero muchas veces necesitas escarbar hasta sacar a la ira de sus escondites, puntos ciegos y puntos débiles.

Los escondites son esos puntos donde la ira brota. Cuando eres impaciente con un colega, brusco con tu pareja, mezquino con tus hijos o le gritas al vecino que deja su bote de basura en tu entrada. Por lo general, esto quiere decir que usas la ira para esconderte de algo.

Los puntos ciegos se dan cuando ni siquiera eres consciente de lo que pasa en tu interior cuando las cosas más nimias te hacen explotar. Es posible que no estés consciente realmente del origen de esa rabia.

Los puntos débiles son las áreas de tu vida donde la ira se dispara con facilidad, cuando un viejo dolor se reaviva. Llegar a la causa de raíz de la emoción en esos momentos es cuando tienes la mayor oportunidad de encontrar tu libertad.

LLAVES PARA PROCESAR EL DOLOR

1. Escribe sobre tu ira

Cuando te encuentres dominado por la ira, toma un momento para anotar tus sentimientos en papel, en tu teléfono o en la laptop. Escribe qué te está provocando esa emoción en específico. Más tarde, cuando la intensidad haya bajado, revisa lo que escribiste. Lo que yo descubrí fue que eran mierdas pasadas y nuevas, pero sobre todo pasadas, lo que me tenía atrapado en la ira.

2. Identifica la emoción principal

Sé paciente contigo mismo y hurga más adentro. La ira suele enmascarar otras emociones, como vergüenza, tristeza, miedo o frustración. Intenta identificar lo que está bajo la superficie de la ira. Lo que yo aprendí es que nunca se trataba de la persona que se me metía en el tráfico, ni del mesero grosero; siempre era algo mucho más profundo de mi pasado.

3. Crea un mantra para equilibrar

Inventa un mantra que contrarreste los aspectos negativos de la ira. «Esta ira no le sirve a mi bien superior, no optimiza mi potencial ni añade valor a la vida que merezco tener». Repetir este mantra te puede ayudar a cambiar tu perspectiva.

4. Medita para descargar la ira

Conquistar la ira implica reconocerla, comprender sus causas subyacentes y trabajar activamente en contrarrestarla con afirmaciones positivas y prácticas relajantes, como la meditación. Estos pasos te permiten transformar tu relación con la ira y encontrar formas más sanas de manejarla y liberarla.

La meditación te puede ayudar a calmar tu mente, obtener perspectiva y descargar las intensas emociones asociadas con el enojo. Practica la meditación hasta que sientas que tu energía molesta se disipa. Si tienes problemas para empezar, te recomiendo ampliamente que leas *El milagro de* mindfulness, de Thich Nhat Hanh: «*Mindfulness* es el milagro a través del cual nos dominamos y nos restauramos a nosotros mismos».

CAPÍTULO 3

Vergüenza

Las cosas que me pasan pueden cambiarme, pero me niego a quedar rebajada por ellas.

—Maya Angelou

De pie en la sala de mis padres en Ferguson Street, observé lo que parecía un incesante torrente de gente entrar y salir de la casa. Mis padres estaban sentados en la mesa del comedor, donde por décadas habían recibido a las visitas. Era el lugar donde veíamos los partidos o escuchábamos a mi papá pontificar sobre la vida. Era donde tocábamos música y jugábamos cartas, reíamos y bromeábamos, y donde la gente ahora estaba con lágrimas en los ojos. Aunque me encontraba rodeado de amigos y familia, sentía que algo adentro de mí se estaba rompiendo y se abría una grieta todavía más honda en mi interior. No se trataba tan solo del dolor o de la rabia; estaba más oculta, era más pesada. Al sepultar a Sherrod me di cuenta de que no solo estaba de luto por su muerte: estaba de luto por una parte de mí que había enterrado en la celda de una prisión muchos años atrás.

En el vuelo de regreso a Los Ángeles, el peso de la vergüenza descansaba sobre mi pecho como una maleta extra que no pudiera mandar con la carga. Era la vergüenza que llevaba conmigo desde la infancia, a lo largo de mis años de cárcel y ahora como el hermano mayor que no pudo salvar a su hermano menor.

Si acaso iba a ser libre, tenía que desempacar esa vergüenza con todo y sus raíces.

En la superficie había rabia y dolor, pero también algo más, otra cosa. La culpa había sido mi lugar común durante años, mi emoción por defecto. Aunque me habían perdonado y yo me había perdonado a mí mismo, había momentos en que la culpa me brotaba de las entrañas y se derramaba sobre mi vida. Así, en los siguientes meses, sentado en casa y en el trabajo, etiquetar lo que estaba sintiendo como culpa se sentía como algo lógico, práctico y sencillo.

Me preguntaba: «¿Es mi karma? ¿Es lo que recibo por mi pasado? ¿Son los vientos que sembré y las tempestades que ahora cosecha mi familia?». Cuestionarme mientras veía sufrir a mi familia me llevó al límite, pero lo que realmente me deshizo fue la tristeza en los ojos de mi madrastra. Ahí entendí que no era solo culpa lo que sentía: era vergüenza. No me sentía digno de estar en ese lugar, derramando lágrimas con mis seres queridos ni consolando a nadie. Me ahogaba. No era solo sobre Sherrod. Era por todo. Sentado ahí, viendo la mirada de mi madre, la de mi padre, la del papá de Sherrod, me sentí inculpado. Tuve que levantarme y salir por un poco de aire. Solo quería respirar.

Cuando crucé la puerta de entrada, varios de los miembros más jóvenes de mi familia y algunos de nuestros amigos se arremolinaron alrededor de mí para abrazarme y darme palabras de consuelo, pero no pude recibirlos realmente. En lo más profundo de mí sentía que no merecía su amor ni su preocupación. Es lo que ocurre con la vergüenza: se te mete tan adentro que no logras apreciar por completo lo que ocurre afuera de ti. No era la primera vez que sentía vergüenza, pero ahora tenía la sensación de no poder escapar. La idea de que mi vida siempre se vería empañada por mi pasado era la esencia de estar encerrado en la jaula de la vergüenza.

Esa vergüenza me llevó de vuelta a la recámara de CM, a la primera vez que aprendí a esconderme atrás de la ira y de la culpa. De niño, incapaz de hablar, de nombrar el peligro en el que estaba, avergonzándome porque alguien en quien confiaba se aprovechó de mí, sentía que algo andaba mal conmigo. Antes de salir de la cárcel pensaba que podía librar a mi familia y mi vecindario de las cosas por las que yo había pasado. Pensaba que las cartas que mandaba a casa compartiendo mi experiencia y las llamadas de advertencia harían lo suyo hasta que pudiera estar ahí en persona. Pensaba que era sabio por mi experiencia en las calles, que tenía credibilidad por haber sobrevivido a la prisión y por el respeto que conlleva salir y quedarte fuera. Pero así no funciona la vida. Me di cuenta de que no tenía el poder de cambiar el desenlace de Sherrod más de lo que había podido impedir que mi primo, en un acto de desesperación, se suicidara, o que atraparan a mi sobrina con su novio y terminara en prisión, o que también mis cuatro sobrinos acabaran en prisión.

El dolor y la vergüenza disparan esos «y si hubiera», y dan la idea ilusoria de que, de alguna manera, podemos controlar las decisiones de vida de los demás y sus consecuencias. Esos «y si hubiera» se parecen a los barrotes de la celda: nos mentimos a nosotros mismos, nos demonizamos y tratamos de adjudicarnos un poder que no poseemos.

¿La verdad? No podía salvar a mi hermano ni a nadie más, y de niño no tenía modo de saber que CM era un pederasta. Podía advertir, alertar y aconsejar, pero no era el titiritero controlando a los actores. Sin embargo, sí tenía el poder de liberarme a mí mismo de ese sentimiento condenatorio y universal llamado vergüenza. Como cuestionó y respondió Friedrich Nietzsche: «¿Cuál es el sello de la liberación? Ya no estar avergonzado frente a uno mismo».

Cuando tenía treinta año, todavía en confinamiento solitario y escribiendo como una forma de trazar un camino hacia adelante, escribí esto:

> Estoy de verdad luchando con un conflicto interno, y se siente como si estuviera perdiendo la batalla. Estoy dejando que la negatividad eche raíces en mi corazón, y esta prisión se me está colando por los poros. Extraño a mi viejo yo. Quiero reír otra vez. Mis pensamientos se han vuelto tan negativos que no puedo creer que sean míos. No sé cómo llegué aquí, cómo es que no puedo imaginar que nada positivo me pase sin que algo negativo se introduzca. Quiero creer que hay algo bueno en mi futuro, pero entre más intento creer, más se revela lo negativo. No puedo seguir viviendo con estos pensamientos.

Cuando dejé la prisión realmente pensé que había superado la ira y la culpa. Pero luego murió Sherrod y algo dentro de mí se reventó. Ya había dejado atrás la culpa, pero la rabia y la vergüenza se aferraron a mí como una sombra.

Cada vez que contaba mi historia o mi verdad —en entrevistas, a amigos o a amantes—, sentía que me arrastraban de vuelta a esa celda de prisión, definido por mi peor momento. Mi pasado se volvió un arma en mi contra que se utilizó de formas concretas más veces de las que podría contar. En entrevistas, se me antagonizaba.

En relaciones, me recordaban que yo había matado a un hombre. Y cada vez que llenaba una solicitud y marcaba la casilla donde preguntaban si había cometido algún delito, me mandaban de vuelta a 1991. Cada vez me sentía más pequeño, más roto. Era fácil decirle al mundo que no deberían definirnos por nuestros peores momentos, pero cuando el mundo sigue haciendo justamente eso, es difícil no creerlo. Si bien no había reincidido físicamente, sí me encontré de vuelta en una prisión emocional que pensé que había dejado en el pasado. Sabía que tenía que encontrar una nueva salida, y como sucede con cualquier grandioso plan de escape, necesitaba apoyo.

Encontrar apoyo en los libros e historias de otros me ayudó a seguir adelante cuando estuve en prisión. Ahora, al buscar una mejor comprensión de la vergüenza, el nombre de Brené Brown seguía apareciendo. Como millones de personas, vi su TED Talk y escuché sus entrevistas. Éramos prácticamente mejores amigos… o a mí me gustaba bromear con que lo éramos. Por supuesto, su TED Talk tuvo veinte millones más vistas que la mía, pero los dos habíamos escrito libros, así que en mi cabeza eso nos hacía gemelos… fuera de, ya sabes, las obvias diferencias. Pero entre más profundizaba en su trabajo sobre la vergüenza, más empezaba a resentirlo. Me presionaba de formas que me dejaban exhausto.

Estaba cansado: cansado de contar mi historia en repetidas ocasiones. Cansado de buscar una salida de ese pozo de mierda en el que estaba metido por historias que me habían hecho pedazos. Cada vez que creía haber progresado en algo, otra cosa me jalaba de vuelta. Un encabezado de noticias... pum, un detonante. Una conversación con un extraño... detonante. Llenar una solicitud de empleo... detonante. Incluso algo como viajar... detonante. Y ahí estaba otra vez, de ida y vuelta. Pero sabía que tenía que confiar en Brené y en su brillante trabajo. Digo, si Oprah y millones de personas en el mundo confiaban en ella, ¿quién era yo para no hacerlo?

Brené detallaba cuatro pilares principales en la resiliencia a la vergüenza: reconocer la vergüenza y comprender sus detonantes, practicar conciencia crítica, buscar apoyo y hablar sobre ella. Suena muy simple, ¿no? Pero la vergüenza proliferaba en mi vida desde hacía tanto tiempo que no podía ver lo que era en realidad. No se dejaba ver en cajitas bien ordenadas como las que ella describía. Dejé de leer *El poder de ser vulnerable*, inventé explicaciones de por qué no se me aplicaba a mí y en general solo la tildé de mentirosa más veces de las que me gustaría recordar. Pero seguí retomando el libro. Entonces, un día, su definición de vergüenza me noqueó como un golpe de Gervonta Davis: la vergüenza es una autoevaluación negativa, creer que hay algo intrínsecamente mal contigo. Diablos. Autoevaluación negativa. Creer que algo estaba mal conmigo. Brené me ayudó a descifrar el código.

Eso es lo que había estado haciendo todo ese tiempo, sin siquiera darme cuenta. Cada vez que veía a mi familia, cada vez que me enganchaba en un pleito fuerte con un ser querido, revivía esa misma vergüenza. Me había convencido a mí mismo de que algo no estaba bien conmigo y tenía que probarle a la gente que estaba bien, que no era una amenaza y era un buen ser humano. Sobrecompensaba, trataba de demostrar que no era un monstruo. Pero al mismo tiempo, podía absolverme por completo de las cosas que había hecho. Bordeaba la locura. Era enfermo. Una prisión en sí misma.

Yo permití que mi familia y mis amigos usaran mi pasado como arma. Yo permití que unos colegas explotaran mi historia, mis ideas, mi talento, para su propio beneficio. Todo en un intento por ser aceptado, por sentirme «normal». Me quedé en relaciones mucho después de su fecha de caducidad porque pensaba que era mi responsabilidad hacer que otros se sintieran completos, aun si yo no lo estaba.

Ese dinero que le prestas al pariente y nunca te paga. Esa idea que compartes con un compañero de trabajo y se usa en una junta importante, pero tu nombre no se menciona. Ese era yo: culpa, vergüenza y la necesidad desesperada de ser visto como normal me permitieron justificar actos de otras personas que me hicieron daño. En lo personal y en lo profesional, vivía en una prisión mental tan atroz como cualquier celda en la que hubiera estado.

Pero esto es lo que me pegó más fuerte que nada: el sentimiento no era nuevo. De niño, era común que los grandes se burlaran de mí después de que mis padres se separaron. Vagaba por el barrio como un joven fugitivo mucho antes de que me sedujera el narcotráfico. Me sentía avergonzado por cosas grandes y chiquitas: como esa ocasión en que me rompí los pantalones de atrás subiéndome al garaje de un vecino y tuve que caminar por toda la calle con los niños riéndose de mí. A mis amigos les pareció comiquísimo, pero yo sentía que estaba haciendo un ridículo del demonio y trataba de cubrir mis pantalones rotoso con las manitas. Me daban vergüenza el divorcio de mis papás y las veces que tuvimos que depender de comida del gobierno, porque venir de un hogar roto y de la pobreza significaba que eras menos.

Un recuerdo me vino a la mente cuando empecé a trabajar en lo profundo de mi vergüenza. Estábamos parados afuera de Denby High School, en el lado este de Detroit, una variedad de adolescentes vestidos con pants Fila y Adidas. El *hip-hop* seguía buscando su identidad, y en ese momento estábamos en medio de uno de nuestros primeros *ciphers*. Nunca olvidaré cuando oí a alguien gritar desde atrás: «¡Está mordiendo, está mordiendo!». Me di la vuelta, esperando ver a alguien morder el brazo o la pierna de otro niño, pero en cambio me topé con un dedo que señalaba a un tipo en medio de todos. «Te robaste esas rimas de Chaucer. Esas no son tuyas».

El niño trató de negarlo al principio, pero antes de que pudiera decir nada, los demás intervinieron. Creo que recuerdo ese momento con tanta claridad por dos razones. Primero, la serie de emociones que cruzaron por la cara del niño, desde shock hasta bochorno, y lo que ahora reconozco como una profunda vergüenza. Me sentí mal por él. Y segundo, me desconcertaba que alguien tuviera tantas ganas de pretender que una historia era suya que fuera capaz de robarla y presentarla como suya. Y sin embargo, todos lo hemos hecho: pretender ser alguien que queremos ser en lugar de quien somos. Yo he imaginado que soy un jugador de basquet cada vez que tiro una bola de papel al bote de basura. También imagino quién sería sin mi condena, sin la culpa, sin la vergüenza. Peleaba contra los relatos que me impusieron, pero también estaba atrapado por los que yo había construido en mi propia cabeza. Mi vergüenza me hizo creer relatos sobre mí que simplemente no son ciertos. Arranqué trozos de mi propia identidad, me tragué historias y mentiras que no eran mías, ideas que me hicieron daño.

Desde entonces sabía que si no rompía con esa vergüenza, nunca lograría estar a la altura de mi sueño de ser un buen padre, un buen esposo, un buen ser humano. Tenía que reclamar mi historia. No era solo un niño con un arma. No me reducía a ser lo peor que había hecho en la vida. Era un hombre que cometió errores terribles, pero también me había esforzado por disculparme, por expiarme. Era un hombre de palabra, un hombre que había construido una familia, una carrera y una vida que valía la pena. Tampoco era un niño malo que trató de robar la casa de CM: era un niño enojado con un adulto que trató de abusar sexualmente de él.

En 1961, Carl Rogers nos dio una de las llaves para liberarnos en su libro *El proceso de convertirse en persona. Mi técnica terapéutica*. Rogers no solo explora la mente: escarba hondo en el corazón de lo que significa ser personalmente libre, aceptarse a uno mismo y vivir con autenticidad. ¿Su mensaje? Tienes que aceptarte por completo —con defectos, cicatrices, errores, todo— antes de que se dé un verdadero crecimiento. Liberarme de mi vergüenza no vino de *resistirme* a quien soy holísticamente, sino de aceptarlo. Como dice Rogers: «La paradoja curiosa es que, cuando me acepto como soy, entonces puedo cambiar». Esas palabras me recorrieron como las aguas del Nilo, como si siempre hubieran estado dirigidas a mí. Todavía, años después, siguen resonando en mí. Hoy me doy cuenta de que esta guerra que estaba peleando no era para liberarme nada más de la culpa, la ira y la vergüenza: era una batalla por mi alma. Se trataba de poder hacer las paces con mi pasado y aun así tener el valor de construir un futuro. ¿Era capaz de sentarme con las partes más oscuras de mi historia y de todas maneras encontrar la luz al otro lado? Ese es el mensaje de Rogers: la transformación a través de la autoaceptación radical. Es la pelea más dura que cualquiera de nosotros tendrá que enfrentar.

No se trataba de soltar mi identidad como un asesino convicto ni de abrazar una distinta como escritor. Se trataba de rechazar las respuestas emocionales al trauma que me mantenían fijo en una versión de mí que ya no tenía ganas de ser. Todos somos prisioneros de algo. Todos tenemos prisiones ocultas. Nos aferramos a lo que nos es familiar, aun si es nocivo, porque le tenemos miedo a lo desconocido. Pero la verdadera libertad significa cuestionar esas viejas creencias, rechazar las narraciones arcaicas y crear una nueva identidad.

Cuando fallaba en algo, solía comerme vivo. Pasarme de una fecha límite cuando trabajaba para el periódico *The Michigan Citizen*, que se me trabara la lengua estando en el escenario, herir involuntariamente los sentimientos de un ser querido… me hacía sentir inútil, como si no pudiera hacer nada bien. Eso es lo que hace la vergüenza. Te ciega y te ata. Te impide ver todas las veces que sí le atinaste, todos los momentos en que estuviste ahí para ti y para otros. La vergüenza borra tus victorias, grandes y pequeñas. Pero esos triunfos son reales. Tienes que pelear por ellos y asirlos con fuerza.

Cada vez que voy a visitar una prisión y me paro frente a hombres y mujeres todavía encerrados entre esas paredes, recuerdo qué tan lejos he llegado. Recuerdo que, entre más libertad reclame para mí mismo, más impacto tendrá mi labor al ayudarlos a encontrar su propio camino de salida. Pero también me recuerda lo fácil que es dar pasos para atrás literal y metafóricamente. La prisión mental siempre está esperando, pero ahora sé que tengo las llaves para escapar.

Una de las cosas que también aprendí de escribir en mi diario fue el poder que tiene ir atrás y asignar las emociones correctas a las experiencias pasadas. Recuerdo una vez cuando era niño, uno de los amigos más grandes del barrio me dijo: «Tu papi te va a dar una paliza», al bajar la vista hacia el destrozo de discos de vinil tirados por toda la calle. Yo había sacado pilas de los preciados discos de mi papá y los había lanzado por el vecindario como si fueran frisbees, riéndome y completamente ignorante de su valor real. Cuando mi papá se enteró, al principio no gritó; solo me miró con algo en los ojos que me pegó diferente. Sí, estaba enojado, pero había algo más ahí... algo más hondo. No lo pude poner en palabras, pero podía sentirlo, justo en mi pecho. Creo que fue uno de los momentos en que me sentí avergonzado. La mirada en los ojos de mi papá me dijo que esos discos tenían un valor que superaba por mucho el precio. Su mirada me persiguió por años.

Detrás de la furia de mi papá había tristeza. Yo había roto algo que significaba más para él de lo que yo podía comprender. No estaba enojado por los discos... estaba herido.

A mi papá le encantaba la música. Vivía para ella. Coleccionar esos discos era su orgullo. Me castigó, no me dejó salir a jugar con mis amigos a la calle. Pero, honestamente, el verdadero castigo fue la pena que sentí... la vergüenza de haberlo lastimado tanto y de haberle quitado algo que yo no podía reemplazar.

Pero esto fue lo que hizo la diferencia: mi papá no permitió que esa vergüenza supurara en mi interior. Se sentó conmigo y lo hablamos: me explicó por qué le importaban, por qué romper las cosas de los demás no tenía que ver solo con el objeto, sino con respetar lo que ellos valoran. Él sabía que yo no lograba entender por completo lo que esos discos significaban para él, pero se tomó el tiempo de explicármelo y me dio espacio suficiente para tratar de entender y crecer, en lugar de permitir que la vergüenza me definiera.

De todas maneras, logré llevarme ese momento conmigo a la cárcel. La vergüenza no era nueva para mí, pero la prisión la convirtió en un surco muy profundo. Desde ordenarme que me agachara y me abriera los glúteos durante una requisa al desnudo hasta negarme comida, había una larga lista de ataques para provocar vergüenza. Estuvo esa vez que una guardia no me dejó entrar a las regaderas porque no tenía un par de sandalias de hule para bañarse que supuestamente debíamos tener. Yo intenté usar mis zapatos del diario, pero la custodia me paró con toda frialdad y me dijo que la única alternativa era ir descalzo en esa regadera mugrienta, atestada de enfermedades, donde treinta hombres acababan de bañarse. Dejé que esa vergüenza se convirtiera en algo más oscuro: ira. Estaba enojado con la guardia por como me había tratado, pero sobre todo, estaba enojado conmigo. Yo había sido traficante, tenía una familia con empleos y amigos que trabajaban muy duro, y yo no tenía dos dólares para comprar unas sandalias baratas para la regadera. Ese minúsculo momento de impotencia hizo que me encogiera por dentro.

El tema con la vergüenza es que no siempre surge de las peores cosas que hemos hecho ni de las peores cosas que nos han hecho. En ocasiones aparece en los momentos tranquilos, cuando te ves enfrentado con tu propia humanidad, cuando una pequeña indignidad desgasta tu orgullo y desvela la crudeza de tu pasado, algo doloroso, algo vulnerable.

Hubo en el trabajo un momento parecido a ese, que nunca olvidaré. Yo era uno de los únicos hombres que conocía sentenciados por un crimen grave que habían subido hasta los rangos ejecutivos más altos. Estábamos a meses de lanzar la nueva imagen de la marca. Estaba al frente del área de comunicación corporativa en una empresa que iba a cambiar su nombre de TripActions a Navan. Era responsable de tomar un proyecto de video ya existente y convertirlo en algo que el equipo de ventas pudiera usar para vender nuestro producto. El video debía variar el estilo corporativo usual y presentar algo más centrado en la gente. Yo vibraba. Era mi momento de hacer lo que estaba seguro de hacer bien: yo era un gran narrador y tenía un don para conectar con la gente a nivel emocional. Debió haber sido una canasta limpia.

Me metí de lleno con el equipo de producción que habíamos contratado: repasamos el presupuesto, los resultados... todo lo que conlleva un proyecto de ese tamaño. Había presión, claro, pero yo estaba listo. Creé un guion gráfico, les envié mis instrucciones y esperé a que el equipo me entregara un video digno de un Emmy.

Me mandaron una primera versión y no era lo que yo tenía en mente. El video era oscuro, cosa que debió haber sido la primera señal de alarma. Dejar de lado esa vibra cálida y vibrante que diera prioridad a la gente y reflejara nuestra nueva identidad como marca no era lo que estaba buscando. Les hablé de mis inquietudes mientras trataba de animar al equipo: «¿Pueden aligerarlo en posproducción y darle más personalidad?». Me aseguraron que podrían y yo confié en ellos. Como creativo que soy, sabía lo que era que te confiaran una visión y un proyecto de esa magnitud. No solo pensaba en las cifras, sino en la gente del equipo.

Pero aquí es donde me equivoqué. En vez de inclinarme hacia mi lado empresarial, la parte consciente de que debía dar una dirección más detallada y ser más claro con mis expectativas, me quedé en el carril creativo. Cuando llegó la segunda versión y seguía siendo oscura, no los presioné ni la rechacé por completo. Confié en ellos otra vez. Y cuando entregaron la versión final, era un desastre. Se sentía como un proyecto de preparatoria mal hecho… ni de lejos lo que necesitábamos para la nueva imagen.

Cuando el director ejecutivo me lo echó en cara, mi ego quedó magullado y sentí la espantosa sombra de la vergüenza. No me derribó; simplemente me dijo que encontrara otro proveedor y entregara el trabajo, así que lo hice. Contacté a algunos amigos de la esfera creativa y juntos produjimos un video hermoso y elegante que cumplía con todo. Pero el daño ya estaba hecho. Me pasé del presupuesto. Fallé en mi primer gran proyecto y las siguientes dos semanas cargué el peso de ese fracaso muy hondo en mi interior. Fue difícil dejarme llevar por la emoción y por todas las celebraciones del lanzamiento, aun cuando yo manejaba toda la comunicación alrededor de eso.

Después de la debacle con el video, el director ejecutivo y yo nos sentamos en nuestra junta uno a uno. Me explicó un proceso en el que él me inició, parecido a un informe militar posterior a la acción: un acercamiento metódico y determinado para diseccionar el fracaso. Se supone que debe ser puramente analítico, sin emociones, enfocado solo en aprender y corregir el rumbo. Pero al pasar de una pregunta a otra, no lograba ignorar ese peso abrumador de la vergüenza instalándose en mí.

1. *¿Qué salió mal?* Me obligué a detallar los errores, pero cada uno se sentía como un golpe, un recordatorio de lo que debía haber hecho de otra manera.
2. *¿Por qué salió mal?* Los huecos en la ejecución, los detalles que se pasaron por alto… lo vi todo, y era difícil no tomármelo como algo personal. El proceso requería distanciarse, pero mi mente se aferraba al fracaso como si fuera reflejo de mi insuficiencia personal.
3. *¿Qué podemos hacer distinto la próxima vez?* Supuestamente esta era la parte productiva, el momento de voltear hacia las soluciones, pero incluso al trazar ajustes, me seguía debatiendo con la incomodidad de no haber dado el ancho.

En ese proceso no se trataba de asignar culpas; sin embargo, sentía el peso de la culpabilidad. Se suponía que debía estar libre de emociones, pero yo vadeaba emociones totalmente inesperadas: vergüenza, frustración, esa sensación agobiante de que pude haberlo hecho mejor. Y tal vez era también parte del proceso: no solo analizar el fallo, sino aprender cómo vivir con él, reconocerlo y seguir adelante de todas maneras.

Pero en ese momento me sentí avergonzado. No era solo que me hubiera equivocado con el video… es que sacaba a la superficie todos esos otros momentos en que sentí que no era tan bueno, como si no hubiera hecho lo suficiente. Y eso es lo que pasa con la vergüenza. No versa sobre el error específico que cometiste, sino sobre el dolor no trabajado que cargas contigo de tu pasado. La vergüenza no vive en el momento presente: arrastra el pasado a tu presente y te hace sentir que cada fracaso es prueba de que no estás hecho para tener éxito o que no mereces amor y alegría.

Pude simplemente haber aceptado la retroalimentación, reconocido mi error y seguido adelante. Pero en cambio, me empecé a flagelar. Ya no me emocionaba mi trabajo. Sentía que me estaban poniendo a prueba constantemente, como si cada momento fuera una oportunidad de fallar. Pero lo cierto es que esas pruebas solo estaban en mi cabeza. Esa voz interna seguía repitiendo su letanía: «No estás hecho para este trajín. No eres lo suficientemente bueno para ser parte del mundo corporativo de Estados Unidos. No puedes lidiar con comentarios sobre tu trabajo porque sacan a la luz toda esa mierda del pasado».

Y entonces me contuve: me di cuenta de que tenía que hacer más trabajo interno. Tenía que llegar a la verdad de por qué esas heridas seguían persiguiéndome. En mi vuelo a casa desde nuestra oficina en Palo Alto, me escribí a mí mismo una nota que decía: «Tal vez no siempre te salgan las cosas, tal vez no siempre tengas éxito en todo a lo que le dediques tu energía y es posible que te tropieces en el camino, pero si te atreves a examinar toda la verdad de quién eres, saldrás de cada momento con una lección, en lugar del moretón de la vergüenza, que tanto trabajo te ha costado sanar. Eres un narrador, creador y líder extraordinario. De hecho, eres un tremendo hijo de puta.

Después de todo, no cualquiera puede pasar de escoria de la sociedad a alto ejecutivo».

CAVAR MÁS HONDO

¿Qué cosas te hacen sentir que no vales la pena? ¿Qué cosas te hacen escabullirte de vuelta a esas viejas ideas de ti mismo que ya no existen? Quizá sea el aguijón del abuso, o el peso de sentirte avergonzado una y otra vez. Algunos cargan la vergüenza de no saberse cuidar y defender. Pero lo cierto es que defenderte empieza con creer que vale la pena pelear por ti. Es saber, muy en el fondo, que mereces amor, que mereces respeto y que mereces dignidad.

Ejercicio de reflexión: Te invito a escribir los cinco principales momentos en que permitiste que la vergüenza escondiera tu auténtico yo. Cuando termines la lista, relee cada línea y discúlpate contigo mismo por las veces que permitiste que un relato humillante echara raíces y por las veces que te negaste la libertad de ser un ser humano.

Guarda ese documento en un sobre y séllalo. Deja el sobre en un lugar seguro y espera un año a partir de ese día para abrirlo y leerlo. Cuando nos encontramos en nuestro viaje de sanación, es importante volver y recordarnos qué tan lejos hemos llegado.

 LLAVES PARA PROCESAR EL DOLOR

1. Di tu verdad

- La vergüenza crece en el silencio y el secreto. Encuentra espacios seguros y gente de confianza a la que le puedas contar tus auténticas experiencias.
- Tu historia tiene fuerza, y al contarla en voz alta se empieza a romper el asidero de la vergüenza.
- Recuerda que la vulnerabilidad no es debilidad: es el valor de dejar que te vean como verdaderamente eres.

2. Cuestiona los pensamientos basados en la vergüenza

- Cuando la vergüenza susurre: «No eres lo bastante bueno» o «Este no es tu lugar», reconoce que son pensamientos, no verdades.
- Pregúntate: «¿Quién definió estas normas? ¿Se puede decir que son mías?».
- Cuestiona las suposiciones que hay detrás de tu vergüenza y piensa dónde se originaron esas creencias.

3. Recupera el relato de tu propia vida

- Tu pasado no define tu camino. Adueñate de cómo interpretas y formulas tus experiencias.
- Escribe un nuevo relato que reconozca tus obstáculos, pero subraye tu resiliencia, crecimiento y valor intrínseco.

SEGUNDA PARTE

ENCONTRAR TU FORTALEZA

CAPÍTULO 4

Vulnerabilidad

La vulnerabilidad es la medida más precisa que tenemos de valentía.

—Brené Brown

Piqué «Casa» en mi teléfono, el contacto vinculado con nuestro número familiar desde 1986.

—Hola, sangre —contestó mi papá, usando un saludo común entre hombres negros que pelearon por el país durante la Guerra de Vietnam.

—Ey, pa —respondí.

La vulnerabilidad es algo con lo que siempre he tenido que lidiar, ya fuera la clase de vulnerabilidad que provenía de trajinar en las calles de Detroit o simplemente de crecer en prisión desde joven.

Pero hay otra clase de vulnerabilidad, la que surge de sentir y aceptar las emociones, aunque sean incómodas.

Varios de los pasos más importantes en mi desarrollo han resultado de atravesar las barreras emocionales que se erguían entre mis padres y yo, algo que empecé a hacer en conversaciones profundamente personales y vulnerables que tuve con cada uno mientras nos recuperábamos todos de la muerte de Sherrod.

Mi mamá y mi papá eran parte de una generación que se guardaba todo y rara vez se abría con sus hijos. Yo también me había guardado mucho con los años, pero para seguir progresando supe que tenía que comunicar más.

En una llamada le conté a mi papá que estaba trabajando en entender mi niñez. A él le encantan las buenas conversaciones y uno de sus temas favoritos es la familia. Le encanta contarnos historias de las tías, tíos y primos de Mississippi, a quienes casi no conozco o que solo recuerdo vagamente. Cuando éramos chicos no pasábamos tanto tiempo con la familia de mi papá como con la de mi mamá, pero él siempre se aseguraba de que supiéramos sus nombres y ubicáramos sus rostros lo mejor posible.

Por generoso que hubiera sido con sus historias en el pasado, le estaba pidiendo más ahora.

—Papá, ¿qué soñaste para mí cuando te enteraste de que iba a nacer?

Quería saber quiénes habían sido como padres jóvenes en 1972. Sentía curiosidad por su mundo: cómo eran sus vidas, cuáles eran sus sueños, para sí mismos y para mí, y cómo los sucesos de la época moldearon sus esperanzas para mi futuro.

Mi papá tenía veinticinco, mi mamá veintitrés. Fui el cuarto hijo de mi madre y el primero de mi padre. Imaginé cómo debió haber sido para ellos criar hijos y gestionar sus vidas como una pareja joven, recién casada, en Detroit, en una era bastante turbulenta. El año en que nací, Richard Nixon era presidente y la Guerra de Vietnam estaba a todo lo que daba. El escándalo de Watergate dominaba toda discusión política y erosionaba la confianza de la gente en el gobierno. A los dos meses de nacido, las Olimpiadas de Múnich quedaron opacadas por la tragedia. Fue un tiempo de revueltas políticas, tensión racial y cambios sociales. ¿Cómo encontraban mis padres sentido en el mundo, y cómo visualizaban mi futuro en él?

En medio de toda esa agitación, también había esperanza. La música y la cultura florecían. *Let's Stay Together*, de Al Green, y *American Pie*, de Don McLean, estuvieron entre los diez mejores álbumes del año, y «The First Time Ever I Saw Your Face», de Roberta Flack, encabezó la lista de solos. *El padrino*, una de las mejores películas sobre familias, redefinió el cine. Al imaginar a mis padres y sus vidas en aquel entonces, recordé una foto de mi papá en su uniforme de la Fuerza Aérea luciendo un afro, y una foto de mi mamá con un vestido bonito, embarazada. Estaba deseoso de escuchar cómo, si acaso, esos momentos, esos cambios culturales, tuvieron un papel en los sueños que tenían para mí.

¿Quiénes eran James y Arlene White en 1972? Al igual que muchos otros en su generación, estaban tratando de sentar cabeza y establecer una vida para sí mismos como matrimonio joven con casa e hijos. Con los años, mis padres me habían dicho, buscaban a su manera su propia rebanada del Sueño Americano. La casa, los perros, los trabajos y el estatus social. Pero muchas veces me pregunté dónde entraba yo en ese sueño.

Le pregunté a mi padre por su propia crianza. Me dijo que su papá era el cocinero principal en la familia. Me contó de la increíble comida para el alma que mi abuelo preparaba. Imaginé la piel color pecana de mi abuelo, de pie en la cocina. Imaginé el aroma de la col, el pollo frito y los macarrones con queso. Mi papá me contó historias de cuando jugaba beisbol con los niños del vecindario; sobre meterse en problemas por juntarse con mi tío John, a quien mi papá describía como un agitador; sobre su decisión de ir por el buen camino, porque no le gustaba que le dieran palizas y lo castigaran.

Mi papá me contó que, desde el momento en que nací, supo que estaba destinado para algo especial en el mundo.

—Hijo, aunque tu vida ha tenido algunas subidas y bajadas, sabía que ibas a ayudar a la gente. No sabía cuándo ni cómo, solo lo sabía. Nunca dejé ir ese sueño que tenía para ti, y probablemente lo vi antes que tú. ¿Recuerdas todas esas cartas que nos mandabas desde la prisión? Nunca te lo dije, pero quiero que sepas que esas cartas salvaron a tu viejo más de una vez.

La calidez de esa conversación liberó al fin al niño chiquito que tenía dentro de mí y que había estado cargando un lastre durante demasiado tiempo. Al fin me sentí listo para la que, sabía, acabaría siendo la conversación más difícil que tuviera con mi papá. Fue cuando compartí el peso del secreto que había llevado conmigo tanto tiempo, un peso que casi me mata.

La había temido y me tomó un rato llegar a ella. Varias noches antes de platicar con él, me puse en sus zapatos y repasé el escenario en mi cabeza, como yo creía que él recibiría la noticia. Como padre, yo mismo entendía lo difícil que sería escuchar que no había sido capaz de protegerme de CM. No quería que supiera que lo estaba culpando. Mi objetivo era abordar la conversación de una manera que nos acercara.

No quería romperle el corazón a mi papá, pero necesitaba que comprendiera por qué me había metido en la casa de ese hombre tantos años atrás. Ese acto de rebeldía no era pura venganza… era un grito de ayuda. Era el síntoma de algo más profundo. Durante años me había flagelado por ser un niño «malo», pero al profundizar, me di cuenta de que no era malo. Era un niño que se había topado con adultos malos. Y conforme esa idea echó raíces, me abrió caminos para llegar a entender completamente la autonomía personal. Durante años me culpé porque algo andaba mal conmigo. Me tomó años darme cuenta de que algo andaba mal con CM.

Es la realidad de muchos que han sido traumatizados. Lo internalizamos, nos culpamos a nosotros mismos en lugar de a los adultos o a la gente que nos hizo daño.

—Papá, CM trató de abusar de mí y por eso me metí a su casa. Quería lastimarlo como él me lastimó a mí —dije.

Hubo un momento de silencio que se quedó colgando entre nosotros como una sábana tendida al sol.

Mi papá escuchó en silencio mientras yo le contaba lo que había pasado esa noche, tanto tiempo atrás, en casa de CM. Cuando al fin habló, se le quebró la voz al disculparse por no investigar más a fondo por qué había hecho lo que hice.

—Hijo, lamento mucho que te haya pasado eso —dijo, con un nudo en la voz.

Me contó que en aquel entonces pensaba que debía tratarse de algo más, pero nunca supo que yo estaba defendiéndome de la única forma que conocía.

Hablamos más, y cuando finalmente colgamos el teléfono, estaba exhausto. Me acosté en el sofá y me quedé dormido. Si bien nuestra conversación había sido pesada, acabé sintiéndome más ligero. La vulnerabilidad no solo me ayudó a sanar: me permitió conectarme con mi papá de formas que nunca consideré posibles.

Más tarde, le marqué a mi mamá. Nunca hemos tenido la mejor relación, pero sí habíamos empezado a hacer el esfuerzo y dedicarle energía a sanar. Me sentía determinado a forjar una conexión más profunda, y decidí que la forma de hacerlo era entrevistarla sobre mi entrada al mundo. Le dije que no tenía que decirme nada que no quisiera ni nada que la hiciera sentir incómoda. Sobre todo, quería hacerle saber que estaba ahí para entender y aprender a no juzgar. Para mi sorpresa y mi entusiasmo, mi mamá me dijo que le podía preguntar lo que quisiera porque era un libro abierto. La disposición de mi mamá de estar presente y compartir sus sueños para mí, junto con sus propios sueños e historias, fue hermoso y reafirmante. Sabía lo difícil que debía ser para ella mostrarse vulnerable, así que me sentí bendecido.

Mi madre tiene un hermoso acento del Medio Oeste, se ríe con facilidad y tiene cierta inocencia que aparece de vez en cuando. Durante la llamada me contó cosas que yo no sabía de su infancia. Me habló del abuso que había soportado de niña, el dolor de ser rechazada y abandonada. Me habló con franqueza de los maltratos a su cuerpo, la tremenda presión que soportó desde la adolescencia. Su historia me pegó duro porque me di cuenta de que yo tenía sentimientos similares cuando estaba en las calles, sintiéndome aislado y no amado. Empecé a ver más de la niñita que solo quería que la amaran y la protegieran de la misma manera que yo había anhelado seguridad y aceptación de niño. Recordé algo que dijo Oprah Winfrey durante una conversación con el doctor Bruce Perry, hablando de su propia madre: «Hizo lo mejor con lo que sabía». Al igual que la madre de Oprah, mi madre hizo lo mejor que pudo.

Cuando le conté lo que me pasó, dijo:

—Lo siento, Pumpkin, ojalá eso nunca hubiera pasado.

Nos quedamos sentados en silencio mientras nos serenábamos. Luego me contó historias de mí siendo un bebé gracioso y un niño listo. Me contó que hubo veces en que sintió miedo por mí y por mis hermanos, porque sabía que estábamos creciendo en un mundo que podía ser cruel y racista, donde los niños negros acababan muertos o en prisión.

Pensé en mis dos padres enfrentándose a su propio sentido de la existencia, sobreviviendo a la incertidumbre de los tiempos y tratando de criar a sus hijos.

Mi padre también conocía las dificultades de trabajar en un mundo donde el racismo descarado era una realidad cotidiana, donde la presión de tratar de proveer para su familia era un agobio constante. Entró a la Fuerza Aérea en 1964, cuando tenía diecisiete años.

Cuando le pregunté sobre esa época y lo que pensaba, me habló de una perspectiva que no es común escuchar:

—Sí, hijo, había algunos racistas, pero eran la minoría, y siempre han sido la minoría. La mayor parte de la gente con la que trabajaba eran buenas personas que solo querían servir a su país.

Le pregunté a mi mamá si alguna vez le dio miedo que algo le pasara a mi papá y me dijo que no había noche en que no soltara un suspiro de alivio al verlo entrar por la puerta. Pero, con el tiempo, las cosas empezaron a cambiar.

Estas son las pesadas cargas que muchos padres llevan a cuestas en silencio. Fue duro escuchar estas historias, pero también resonaban con la mía. Guardar bajo llave nuestro dolor y nuestros miedos solo nos aprisiona y amenaza con destruirnos desde adentro. La vulnerabilidad era el antídoto. Al abrirnos, sucedió algo poderoso. No fue una mera sanación… fue una liberación. Al compartir nuestras propias batallas, cada uno le dio al otro permiso de compartir sus traumas, triunfos, fracasos y sueños.

Cuando le pregunté a mi papá qué pensaba de la época en la que creció, dijo:

—Era rudo, hijo. Luego de que se fue mi papá, tuve que descubrir qué significaba ser hombre. Las lecciones que necesitaba conocer para ser padre no estaban, así que me las tuve que ingeniar por mi cuenta.

Hasta esa conversación, yo no sabía que mi abuelo se había ido de la casa y por qué.

Escuchar a mi padre hablar de su propia vida me hizo darme cuenta de cuántos hombres sienten que no pueden darse el lujo de mostrar debilidad o abrirse, y del resentimiento y el dolor que eso genera. También lo he visto con algunos directores ejecutivos de empresas, líderes de negocios e instructores que se esconden atrás de la fachada de rudeza. Cuando nos permitimos abrirnos, ser vulnerables, podemos empezar a tomar el control del relato de nuestra vida. Podemos dejar de permitir que la vergüenza y el miedo nos definan, y empoderar a la gente a nuestro alrededor para que haga lo mismo.

Escuchar la historia de ataques sexuales que sufrió mi madre hizo que sintiera como algo muy personal que tantas mujeres en mi vida digan que no se sienten seguras en un mundo lleno de hombres. También me recordó algo que muchas habían contado en redes sociales. Cuando les preguntaron si preferían estar varadas en el bosque con un oso o un hombre extraño, la inmensa mayoría de las mujeres eligieron al oso.

En esas pláticas con mis padres abarcamos tanto que había quedado sin decir durante tanto tiempo… sus promesas rotas, sus sueños, sus alegrías y sus desconsuelos. Fue doloroso escuchar la tristeza de mi padre por mi encarcelamiento y saber cuántas noches pasó en vela mi madre preocupada por mí. Aunque ya me habían hablado de parte de su tristeza cuando estuve en prisión, ahora, como un hombre de mediana edad, me afectaba de otra manera escuchar a mis envejecidos padres.

Una vez ayudé a organizar un debate grupal sobre un libro llamado *Casas de curación*. Empecé la clase grupal después de descubrir una caja con esos libros en la parte de atrás de la biblioteca donde trabajaba junto con mi amigo Calvin. Después de leer el libro le pregunté al bibliotecario si podía dirigir la clase. En cuestión de semanas pasamos de ser un grupo reducido a una asamblea con gente de pie. Vi a hombres mayores bajar la guardia y abrirse por primera vez, derramando lágrimas que habían guardado por años y otros por décadas. Esa clase me empoderó a pensar en la fuerza liberadora que se creaba al exponer las cosas que guardamos dentro. Pero también me mostró que la vulnerabilidad no consistía simplemente en calmarse uno mismo frente a los posibles ataques o derramar lágrimas con tus compañeros, sino en mucho más.

El poder de la vulnerabilidad consistía en atreverte a ser más grande que tus circunstancias al tomar tu destino en tus propias manos. Para superar el trauma y salir de prisión tuve que ser lo suficientemente vulnerable para creer en mí mismo mucho antes de que alguien más lo hiciera. ¿Quién hubiera pensado que lograría las cosas que logré: la claridad mental, la fuerza espiritual o la visión perdurable? ¿O que recibiría la proverbial cereza en el pastel: los premios, los reconocimientos, el dinero, la vida que tengo hoy? Nada se dio fácil, y todo requirió un músculo emocional que no sabía que tenía hasta que decidí hacerme de una nueva forma de ver la vida.

Abrirse uno es distinto de simplemente identificar los precursores emocionales. Se trata de adentrarte en tu verdad, sin importar lo cruda que parezca o lo incierto que sea. La vulnerabilidad te obliga a usar tu imaginación para crear una nueva forma de ver la vida. Es el fundamento de la sanación porque, como aprendí, no puedes sanar lo que no revelas. Tienes que ser real y sincero contigo mismo. Va más allá de la honestidad: es aceptar los hechos inalterables y decir: «Ya no permitiré que estas cosas me definan o me delimiten».

También he visto de primera mano el poder de la vulnerabilidad en un contexto de negocios. Por años trabajé en Navan a las órdenes de Ariel Cohen, su director ejecutivo. Navan está en el negocio de ayudar a las empresas a manejar sus itinerarios y gastos de viaje, así que cuando el mundo dejó de viajar durante el covid fue un reto muy difícil. Ariel respondió llevándose al equipo de liderazgo entero a una serie de reuniones fuera de la oficina donde pasamos tiempo hablando con la verdad sobre el estado de nuestra compañía. Leímos libros juntos y tuvimos reuniones individuales con él. Esto profundizó nuestra confianza en la empresa y reafirmó nuestra seguridad de que lograríamos superar la situación y estaríamos mejor que antes. De hecho, así fue: Navan pasó de una valuación precovid de cuatro mil millones de dólares a una valuación postcovid de más de nueve mil millones. La clase de vulnerabilidad que nuestro director modeló nos fortaleció a todos.

Los grandes líderes no son los que siempre tienen todas las respuestas, sino los que son realistas. Los mejores líderes son los que siguen siendo abiertos y transparentes, aun cuando las cosas no sean perfectas. Son quienes conectan con sus empleados en un nivel humano y buscan la ayuda de personas con distintas experiencias y perspectivas. Piensa en los directores ejecutivos que tuvieron que despedir empleados durante la pandemia. Los grandes organizaron reuniones con todo el equipo, fueron directos y aportaron contexto. Los que no son tan grandes le dieron *enviar* a correos electrónicos impersonales y dejaron que recursos humanos se encargara del resto. Los grandes líderes dan la cara en los momentos difíciles, admiten cuando algo les cuesta trabajo y conectan emocionalmente con sus equipos.

La vulnerabilidad no es una debilidad: es la clave para convertirte en la mejor versión de ti mismo. Te deja involucrarte en cada parte de tu vida. Te permite detener la actuación y empezar a vivir. En el mundo corporativo, la vulnerabilidad construye la confianza. Crea un ambiente donde la gente se siente segura de tomar riesgos, de ser creativa y de crecer. Cuando los líderes son vulnerables, crean una cultura en la que todos pueden ser reales, donde el fracaso es una oportunidad para aprender, no un motivo para avergonzarse.

En Navan, una vez invité al equipo de liderazgo ejecutivo al Ole Skool Café, un restaurante de San Francisco cuyo personal eran personas que habían estado en la cárcel. Me sentía nervioso por llevar colegas a ese espacio. Me preocupaba que me juzgaran, pero sabía que era vital conectar nuestra empresa con el trabajo que decíamos que nos importaba. Para mi alivio, mis colegas se presentaron con la mente abierta y tuvimos una experiencia increíble que profundizó nuestro compromiso compartido. Disfrutamos suculentas costillitas de res, pollo frito y cremosos macarrones con queso, acompañados de bebidas y risas. Conectaron con los jóvenes empleados. Mi meta era mostrarle a mi equipo por qué era importante que le diéramos a la gente segundas oportunidades y por qué era importante encontrar talento de formas poco convencionales. Después de esa salida, nuestra empresa reinventó cómo procesamos las investigaciones de antecedentes que resultaban negativas. En lugar de descartar esos currículums, investigábamos más y entrevistábamos a la gente con delitos de la misma manera que entrevistábamos a otros candidatos, y eso nos condujo a considerar contratar gente que nunca antes hubiéramos contratado.

En mi viaje, he experimentado el poder transformador de la vulnerabilidad como empleado y como líder, como hijo y como padre.

Cuando los niños se sienten seguros, cuando saben que pueden acudir a ti sin que haya juicios, lo cambia todo. Los protege por dentro y por fuera porque saben que tienen un espacio seguro donde decir: «Oye, esto no se siente bien».

He creado ese espacio para mi hijo. Él sabe que puede acudir a mí con cualquier cosa. Si digo algo demasiado rudo, él me lo hace saber. Me dice: «Papá, eso no se sintió bien». Cuando yo era niño, eso habría sido inimaginable, y tampoco habría sido posible si no me hubiera liberado primero de mi propia vergüenza. Aprender a aceptar la vulnerabilidad con mis padres hizo posible que me volviera el padre, el hombre y el esposo que hoy en día soy.

La vulnerabilidad me ha enseñado que está bien tropezarte, ya seas un líder, un padre o un esposo. Ninguno de esos papeles requiere tener todas las respuestas, pero sí requiere autenticidad, en especial cuando las cosas van mal. Aceptar esa lección transformó mis relaciones con colegas y equipos, fomentando la confianza, que es la base de toda sociedad exitosa. En mi vida personal fue caerme a pedazos en el teléfono con mi amiga Fame mientras iba de camino al hospital donde Sekou estaba acostado en una cama. La vulnerabilidad en ese momento no era debilidad: era un puente hacia la conexión y el apoyo cuando los necesité. En prisión, era hablar con mi amigo Calvin todos los días sobre mis sueños de ser escritor. En ese momento, no estaba solamente hablando de sueños locos: un amigo estaba reafirmando mis pensamientos.

La lección más grande que me enseñó la vulnerabilidad, tanto en mi vida personal como profesional, es esta: cuando eres real, cuando te quitas la armadura, creas ese espacio para que los demás hagan lo mismo. Así es como se da la curación. Así es como la conexión verdadera y el crecimiento comienzan. Ya sea en la sala de juntas o en la sala de tu casa, la vulnerabilidad es lo que te vuelve humano. Es la clave que te lleva a liderar, amar y vivir con propósito.

Al principio, la vulnerabilidad se siente como un riesgo, como pisar una superficie inestable sin ninguna garantía de que aguante. Pero lo que he descubierto es que en el momento en que dejamos de mantener secuestradas nuestras historias, dejamos de estar secuestrados por ellas. Esa es la paradoja de la vulnerabilidad: lo que tememos que nos quiebre suele ser lo que nos libera.

Maya Angelou supo de inmediato esta verdad. Cuando le pidieron que escribiera *Yo sé por qué canta el pájaro enjaulado,* dudó. Le daba miedo que implicara dejar al descubierto su historia: el trauma, las dificultades, los momentos de más profundo dolor. ¿La juzgaría la gente? ¿Decirlo en voz alta lo volvería más real?

Pero lo hizo de todas maneras. Escribió. Contó su verdad. Y al hacerlo, no solo se liberó a sí misma: les dio una voz a millones que se sentían atrapados por sus propias historias no contadas. Más adelante escribió: «No hay peor agonía que llevar en tu interior una historia no contada».

Esa es la lección. La vulnerabilidad no consiste nada más en exponerse: consiste en liberarse. Consiste en salir hacia la luz de nuestra propia verdad y darnos cuenta de que, sin importar qué tan pesadas se sientan nuestras historias, se vuelven más ligeras en el momento en que las contamos.

Las conversaciones más importantes que he tenido no fueron con mis padres ni con nadie más. Fueron conmigo.

Y esas suelen ser las conversaciones más duras de enfrentar. La vulnerabilidad se vuelve la fuerza que me permite enfrentar mis miedos más profundos, sobre todo el espíritu autoacusatorio en mí, la parte que pasó años bajo el manto de la vergüenza y la humillación. Abrirme a la vulnerabilidad no fue solo una herramienta emocional: fue un camino hacia la libertad.

CAVAR MÁS HONDO

Conforme avances, te reto: ¿qué historias sigues cargando contigo y necesitan ver la libertad? ¿Qué verdades guardas que podrían ser la clave para tu liberación?

Porque la vulnerabilidad no consiste únicamente en reconocer nuestros miedos: consiste en caminar a través de ellos y salir del otro lado más fuertes, más libres y más auténticos.

Aquí tienes algunos ejemplos de áreas sobre las que puedes reflexionar:

- **En entornos profesionales,** reflexiona sobre cómo la autenticidad podría fortalecer tu liderazgo o tu trabajo en equipo. ¿Cuándo has visto que la vulnerabilidad genere confianza en el trabajo? ¿De qué manera ver tus obstáculos de manera realista podría inspirar a otras personas a hacer lo mismo?

- **En relaciones personales,** considera si al otro lado de una conversación difícil no te podrá estar esperando una conexión más profunda. Como cuando mis llamadas con mis padres renovaron nuestra relación, ¿qué relaciones podrían transformarse si tuvieras el valor de hacer las preguntas que has estado evadiendo?
- **En tu relación contigo mismo,** pregunta qué partes de tu historia has estado ocultando, incluso a ti. ¿Qué sería posible si finalmente reconocieras toda tu verdad?

LLAVES PARA ACEPTAR LA VULNERABILIDAD PROFESIONAL

1. Practica la reflexión sincera

Date tiempo para reflexionar sobre las áreas de tu trabajo y tu vida donde te sientes reservado o desconectado. Pregúntate:

> ¿Qué estoy evitando compartir o enfrentar?
> ¿Qué miedos o inseguridades me impiden ser mi auténtico yo?

Escribe tus pensamientos en un diario para obtener claridad y empezar a derrumbar las murallas internas que construiste. Reconoce tus emociones sin juicio y permítete el don de crecer.

2. Empieza con algo pequeño y comparte intencionadamente

La vulnerabilidad no significa compartir información íntima; consiste en abrirte de formas que generan confianza y conexión. Empieza con alguien en quien confíes —un colega cercano, un entrenador o un mentor— y cuéntale algo que hayas estado guardándote, como un miedo, un fracaso o un reto. Esta práctica fortalece tu capacidad de conectarte emocionalmente y les muestra a otros que está bien hacer lo mismo.

3. Establece límites sanos

Si bien la vulnerabilidad es poderosa, debe venir acompañada de límites claros. Identifica qué es apropiado contar en distintos espacios, como el trabajo, las relaciones de negocios o los lugares públicos. En el trabajo, sé honesto sobre tus retos, pero evita entrar en detalles íntimos innecesarios. En tus relaciones laborales, comunica tus necesidades y expectativas con claridad. Los límites aseguran que la vulnerabilidad cree conexión, no confusión ni daño.

Al reflexionar con honestidad, compartir intencionadamente y establecer límites, puedes empezar a quitar los candados al poder transformador de la vulnerabilidad en tu vida laboral y tus relaciones de trabajo.

LLAVES PARA ACEPTAR LA VULNERABILIDAD PERSONAL

1. Reflexiona y conecta

Escribe tus pensamientos en tu diario. Toma unos minutos cada día para escribir qué sientes: tus miedos, tus esperanzas y las cosas por las que te sientas agradecido. Este simple acto te ayuda a conectar con tus emociones y a obtener claridad.

Ve a caminar con alguien a quien ames: da un paseo con un miembro de tu familia, tu pareja o tu hijo. Usa ese tiempo para hablar de lo que estás pensando y para invitarlos a hacer lo mismo. Las caminatas te animan de manera natural a tener conversaciones fluidas y abiertas.

2. Nutre las relaciones a través de actos sencillos

Haz una llamada telefónica semanal. Comunícate con alguien a quien quieras: un familiar, un hermano, amigo o mentor. Pregúntale cómo está, cuéntale algo significativo y deja que la conversación los una más. Escribe una carta: siéntate y escribe una carta desde el corazón a alguien a quien quieras. Habla de tu aprecio, los recuerdos o esperanzas que tengas para su relación. Es un gesto profundamente personal que construye confianza y conexión.

3. Explora nuevas aventuras de vulnerabilidad

Haz un viaje de descubrimiento. Ten una aventura: vete a un viaje por carretera, haz senderismo o incluso visita un café nuevo. Úsalo como una oportunidad para reflexionar sobre tu propia historia y cuéntale una parte a alguien en quien confíes.

Prueba algo fuera de tu zona de confort: únete a una actividad grupal, toma una clase o prueba un nuevo pasatiempo. Estas experiencias muchas veces requieren un poco de vulnerabilidad, pero pueden conducir a conexiones inesperadas y a un crecimiento personal.

Al integrar en tu vida estos actos pequeños pero significativos, empezarás a nutrir la vulnerabilidad tanto en ti mismo como en tus relaciones, creando vínculos más profundos y descubriendo nuevas capas de autenticidad.

CAPÍTULO 5

Perdón

Perdonar es dejar ir la esperanza de que el pasado pudiera haber sido distinto.

—Oprah Winfrey

Recuerdo haber leído *El león y el ratón* de las fábulas de Esopo cuando era niño. Era una historia sencilla, pero que tenía muy presente: cómo un imponente león, capaz de aplastar a un ratoncito, prefirió tenerle misericordia. Y cómo, en un giro inesperado, el ratón devolvió esa misericordia mordiendo las cuerdas que ataban al león, dejándolo libre. Lo que más se me quedó grabado, incluso de niño, fue la idea de que dar algo a alguien más puede conducir a que se te dé lo mismo. La piedad conduce a la piedad.

En los primeros capítulos de este libro escribí sobre las formas en que las fuerzas negativas de la ira y la vergüenza, que siempre van de la mano, reverberaban en mi interior, encerrándome en un ciclo oscuro de acción y reacción que me aprisionó en cuerpo y alma. Mi redención vino al enfocarme en los poderes del otro lado del espectro, igualmente poderosos, pero que reverberan hacia la luz y la sanación. Abrazarlos condujo a mi propia libertad. Uno de las más poderosas entre estas fuerzas es un primo cercano de la misericordia, y se trata del perdón.

Una de mis frases favoritas sobre el perdón viene de otro escritor que leí de niño: Mark Twain. En *Wilson, el chiflado,* escribe: «El perdón es la fragancia que la violeta deja en el talón que la aplastó».

Al igual que esa violeta aplastada, perdonar no es cuestión de justicia... tiene que ver con dar y recibir un don. Es lo que ofrecemos, no porque la otra persona se lo merezca, sino porque nosotros rehusamos que el dolor nos defina. Es el momento en que el león, en lugar de rugir de rabia, deja ir al ratón. Es el momento en que la persona lastimada decide quitarle los grilletes a su propio corazón, en lugar de vivir prisionero del resentimiento.

Tuve que deshacer algunos nudos hasta encontrar mi propia forma de perdonar, no solo a otros, sino a mí mismo. De niño construí una penitenciaría emocional alrededor de mí mismo, forjada con los materiales de mi pasado traumático y el silencio sofocante que cubría a mi familia como una manta pesada.

En mi mundo interno, en mi barrio y en mi familia, las disculpas eran tan raras como un leopardo del Amur. Teníamos esta habilidad de patinar encima de los conflictos sin bajar la velocidad lo suficiente para observar el daño que habíamos causado. Salíamos de acaloradas discusiones por reclamos pasados a falsas reconciliaciones, jamás echándole genuinas ganas emocionales a resolverlo.

La falta de resolución me mantenía atrincherado en lo profundo de múltiples capas de resentimiento, ira y dolor; rechazaba a tal grado la idea de perdonarme a mí mismo o a otros que intenté suicidarme a los dieciséis, sentado en mi recámara en el sótano, con una escopeta cargada y una botella de pastillas. Cargaba el peso de que CM hubiera intentado abusar de mí, cargaba el peso de ser maltratado de niño y de sentirme abandonado por mi madre. Esa carga fue lo que me llevó a ese momento de aislamiento en el sótano. No fue solo una cosa mala que experimenté: fue un peso acumulativo de todas las cosas que se me venían encima al mismo tiempo.

En mi propio camino he recibido el perdón de una mujer que tenía toda la razón de despreciarme: la que me dijo que había criado al hombre cuya vida tomé. Sin embargo, en lugar de elegir el odio, ella prefirió liberarse del peso de su dolor… y al hacerlo, nos liberó a los dos.

Yo tuve que encontrar mi propio camino hacia el perdón, no solo para otros, sino para mí. Tuve que perdonar al hombre que me disparó, y tuve que perdonar a mi propia madre, porque sus heridas eran más profundas que las de las balas.

El perdón es una afirmación de un hondo, radical, incondicional e inflexible amor propio. Ahora me queda claro que ser perdonado es un regalo que todos tenemos la oportunidad de compartir con otros, y lo más importante, el perdón es uno de los regalos más liberadores que nos podemos dar a nosotros mismos, al recibirlo cuando nos lo ofrezcan.

Recibir perdón de otros y perdonarte a ti mismo es diferente de estar en ese punto con alguien más. Eso era algo que todavía tenía que aprender.

En 2022 me llamó por teléfono Rick, un amigo que había hecho en la cárcel. Había recibido una carta que estaba destinada a mí, escrita por un hombre que cumplía cadena perpetua en prisión. No era poco común que los hermanos adentro escribieran cartas y pidieran que otros las fueran pasando, así que no me sorprendió que alguien le mandara una carta que era para mí.

—Es de un hermano llamado Terrence —dijo Rick. El nombre no me sonaba.

—¿Qué dice? —pregunté.

Escuché a Rick inhalar profundamente.

—¿Te acuerdas de una mujer llamada Tammy, de Brightmo?

—Claro, la conozco —dije, sin entender realmente a dónde iba todo esto.

—La carta es del padre de su hija. Él es el tipo que te disparó.

De pronto, ya no estaba con Rick en el teléfono… en cambio, me encontraba de pie en la esquina de Blackstone Street, en el lado oeste de Detroit. Tenía diecisiete años. Y ahí estaba, el sonido de los disparos, el olor de la carne quemada —mi carne— y la sensación de sangre escurriéndose por mi pierna y mi pie.

Terrence había disparado la pistola. Y treinta y dos años después, me escribió.

—Mándame la carta —dije, y luego colgué.

Me recargué en el respaldo de la silla, con la mirada fija en el teléfono de mi escritorio. Ahí estaba el universo otra vez. Desde hacía mucho había dejado de lado la idea de ponerle nombre al atacante. Entonces se me ocurrió. Mi viaje hacia el perdón nunca iba a ser una excursión rápida e impecable. Era un viaje que me llevaría hacia atrás para moverme hacia adelante.

Por treinta años, Terrence fue un hombre sin cara y sin nombre; ahora, el hombre que había tratado de matarme tenía nombre y rostro.

Me disparó el 8 de marzo de 1990… y Rick me llamó el mismo día, tres décadas después. ¿Era el universo jugando conmigo? Al principio, ni siquiera quería abrir la carta; este hombre había tratado de matarme, y mucho de lo que pasó después se remonta a ese día. Pero ahí estaba, con la carta de Terrence en la mano temblorosa.

Por un microscópico instante, muy, muy dentro de mí, pensé que, con unos cuantos mensajes de JPay y llamadas por cobrar podía mandar matar a ese cabrón por menos de mil dólares. El patio de una cárcel está lleno de gente que, por una comisión, está dispuesta a hacer lo que se le pida. Así es como algunos tipos se cuidaban a sí mismos o ayudaban a sus seres queridos afuera. El arma metafórica estaba en mi mano, y no requeriría mucho esfuerzo jalar el gatillo… Terrence era completamente vulnerable a mi venganza si yo así lo deseaba; mi influencia seguía sintiéndose detrás de esas paredes.

Me di cuenta de que tales fantasías aún lograban ejercer un cierto dominio momentáneo sobre mí. Brevemente, el adolescente de diecisiete años de mecha corta aún quería vengarse, para desquitarme. Así se hacían las cosas en el barrio y en los patios de las prisiones donde había crecido, un código según el cual no podemos estar en paz hasta que haya un ajuste de cuentas.

Pero tan rápido como pensé eso, se me ocurrió que había otra opción: podía decidir perdonar a ese hombre y crear un espacio de sanación para los dos.

Con frecuencia, mi propio trauma me hacía traumatizar a otros; pero ese ciclo brutal solo se podía romper si alguien actuaba de una manera que no incluyera represalias, que no creyera en los «ajustes de cuentas».

La vida no es así, no es justa, no es algo que se pueda cerrar en ceros.

Por fortuna, para cuando recibí la carta de Terrence, el perdón y la sanación ya se habían vuelto una parte mucho más importante de mis matemáticas internas; desde hacía mucho tiempo ya no pensaba en términos de «ajuste de cuentas». El perdón era ya una parte integral de mi sanación y de cómo vivía mi vida. Casi veinte años antes, yo había recibido el impresionante regalo del perdón por la vida que tomé. Ese acto singular me ayudó a embarcarme en mi viaje transformativo, uno que me instaba a desenmarañar la terrible decisión que tomé esa noche. Ese camino de sanación me ayudó a recuperar mi empatía y mi compasión, no solo por el adolescente roto que una vez fui, sino por otros que buscaran mi perdón. Otros, incluyendo Terrence.

Sabía que perdonarlo no sería fácil.

Como la mayoría de la gente en su viaje hacia la libertad, yo seguía intentando descifrar esta mierda. Era un camino sinuoso, lleno de baches, con bloqueos y obstrucciones a la vuelta de cada esquina, y aquí, ahora, estaba la madre de todos los baches. Pero antes de que mi trauma pudiera hablar, ya estaba abriendo el sobre. La carta de Terrence era poderosa y profunda. A través de sus palabras, este hombre cobró vida para mí como un ser humano cuya experiencia de trauma reflejaba la mía. Lo busqué en la página del Departamento de Correccionales de

Michigan y estudié su rostro antes de cerrar la computadora y volver a su carta.

Fue una lectura extraordinaria: este hombre, que había provocado tanto sufrimiento en mi vida, ahora se responsabilizaba y se disculpaba por ello de una forma que yo sentí sincera.

Había estado cargando enojo y resentimiento hacia él durante mucho tiempo, y leer su carta me permitió empezar a soltarlo. Le escribí una respuesta de inmediato, pero rompí esa carta. Y hasta hoy, todavía no he podido contestarle. Algunas heridas son tan profundas que superan las palabras. Lo que hizo no solo me afectó a mí, sino a toda mi familia, profundamente. Y poder expresar eso por entero no se encuentra aún entre mis habilidades narrativas. Todavía no.

Pero si bien no he encontrado las palabras que pueda enviarle como respuesta, sus propias palabras me liberaron para perdonarlo.

En lugar de escribirle, terminé escribiéndole a alguien más una carta que había estado evitando.

Como he contado, mi madre y yo siempre hemos tenido una relación complicada, empeorada por mi tiempo en prisión y mi subsecuente liberación. Le tomó diecisiete años a mi madre poderme visitar en prisión, y cuando salí, fue un reto para los dos poder conectar.

Durante años le tuve resentimiento. La culpaba por mi infancia rota y por los sentimientos de abandono que experimenté estando en prisión. Pero con el tiempo me di cuenta de que tenía que liberarme a mí mismo de la idea de que mi madre o cualquier otra persona se transformarían mágicamente en las personas que yo quería que fueran. Muchas veces, nuestro deseo de perdonar está motivado por la idea de que la persona a la que perdonamos se transformará en nuestra idea de quien creemos que debería ser, en lugar de aceptarla como es.

Yo realmente quería conocer a mi madre como era y perdonarla sin albergar ninguna expectativa de que terminaría por convertirse en otra persona. Como parte de ese proceso, la invité a acompañarme a un viaje con Liz, la mamá de Liz y Sekou a White Oaks, una reserva animal en Florida. Parecía el escenario perfecto para conocer a mi madre de una forma bastante alejada de nuestras experiencias de vida. Para empezar, el lugar era extenso y estaba lleno de hermosos animales, muchos de los cuales se encontraban al borde de la extinción o eran especies protegidas. Sería un lugar seguro para que nos pudiéramos conocer y escucháramos nuestras respectivas historias.

Por el estudio de la resolución de conflictos, sé que el escenario importa tanto como las personas cuando se trata de promover la comprensión y crear un espacio para sanar. En prisión, resolver un conflicto se vuelve significativamente más difícil cuando todos te están viendo, donde es casi imposible apartar a alguien para tener una conversación privada. Para este viaje con mi madre, quería un ambiente seguro que no le detonara malos sentimientos a ninguno de los dos.

Siempre me han encantado los animales. De niño vivía fascinado por los tapires y el kiwi, un ave que no vuela. Mi maestra de cuarto año, la señorita Papas, notó mi amor por los animales y me asignó la gran responsabilidad de cuidar a nuestras mascotas de la clase: ranas, culebras rayadas y pollitos nacidos en una incubadora. Incluso me dejó llevar nuestra culebra a casa. Más adelante, de adolescente, cuando vivía con mi hermano, tenía dos jerbos, dos conejillos de Indias, un perrito y un conejo; fue una época muy estresante en mi vida, y esa variedad de mascotas me trajo un sentido de calma y propósito que me distrajo de mis actividades nocivas, como vender y fumar crack mientras esquivaba y disparaba balas al mismo tiempo.

Fue un viaje increíble. Mi madre me habló de las cosas traumáticas y desoladoras que había experimentado en su niñez y su adolescencia, y mi corazón se abrió por completo con una compasión que nunca había experimentado a ese nivel. Le compartí cosas de mi tiempo en prisión y mi vida después, y mi madre lloró en mis brazos. Al tomarme el tiempo de comprender su historia, fui capaz de encontrarle sentido a la mía. Nos abrazamos con fuerza antes de irnos de White Oaks, ella de vuelta a Detroit y yo a Los Ángeles.

Aún reflexionando sobre la carta que recibí del hombre que me disparó, me encontré escribiéndole a ella después del viaje:

Querida mamá:

Siempre he soñado con conocer tu historia, contada con tus propias palabras, a través de tus ojos, tu corazón y tu espíritu. He soñado con un momento en el tiempo en que pudiera sentarme en tu presencia, sentir tu risa, que brota de muy adentro, y ser testigo de cómo experimentas una alegría creciente. He soñado con verte descubrir nuevas cosas conforme redescubres al niño, ahora convertido en hombre, que es tu hijo más joven, mientras sostengo tus manos tibias en las mías. He soñado con el día en que pueda decir: «Te quiero, mamá», sin esfuerzo y sin ningún apego fuera del hecho de que nos cargaste a mí y a mis hermanos en tu vientre. He soñado con el día en que podamos sentarnos en silencio cerca de un río, escuchar la magia de la naturaleza arremolinarse a nuestro derredor. He soñado con compartir la belleza de amaneceres y el placentero sabor de una galleta de avena perfectamente horneada. He soñado con escucharte contarme historias entretenidas de cuando eras niña y descubrir de dónde viene mi propia habilidad de contar historias. He soñado con el día en que pueda mirar tu cara y vea mis propias facciones reflejadas en ella. He soñado con el día en que pueda estar de pie frente a ti como un ser humano distinto, un padre presente y un hombre adulto, y saber que ves todo en lo que me he convertido. He soñado con alcanzar el nivel de sanación que me permite estar presente por completo en el amor y el aprecio del tiempo que tengamos en esta existencia terrenal que llamamos planeta Tierra. Soñé, soñé, soñé, hasta que mis actos volvieron mis sueños realidad.

Con amor de tu niño,
Shaka

El perdón es complicado, muchas veces incompleto, y tan difícil que no tiene que ser un absoluto. Si pensamos en el perdón como un proceso y no como un destino, entonces abriremos la carta, pero tal vez no la contestaremos; escribiremos la carta, y tal vez no esperaremos una respuesta, y eso estará bien.

Lo que me llevé de la experiencia con mi madre es algo que creo que encontrarás útil en tu viaje. Ábrete a expresar tus deseos, aunque sea tal vez sumamente difícil y te haga sentir vulnerable. Permítete perdonar a profundidad y evita tener la expectativa de que la gente cambiará porque la has perdonado. Permite que tu perdón sea un perdón para ti.

Recibir la carta de Terrence y reconocer su humanidad no lo absolvió de la responsabilidad por el dolor que ocasionó, pero me permitió a mí dejar ir mi ira y encontrar paz en mi interior, mientras al fin le ponía cara al fantasma que, por años, flotó por ahí en el telón de fondo de mi vida.

PERFORA HASTA EL INTERIOR

En mi viaje hacia la sanación, he descubierto una serie de afirmaciones y acciones que se han convertido en mi norte: pasos para reclamar mi paz y mi libertad.

Primero, me recuerdo a mí mismo que soy intrínsecamente merecedor de mi propia sanación. No hay condiciones, no se requiere ninguna justificación para esta verdad; simplemente, es. Sanar no es algo que necesite ganarme: es mi derecho como ser humano.

Reconozco que merezco estar libre de los dolores que ya no existen en el plano físico, pero que permanecen en mi espíritu. Esas heridas invisibles —recuerdos de daños, momentos de traición— tal vez no sean visibles en el mundo, pero han dejado su huella. Y sin embargo, reconozco que tengo el poder de soltarlas, de ya no cargar más su peso.

Me extiendo el perdón a mí mismo, consciente de que nunca es demasiado tarde para darme el regalo del amor propio. Me perdono a mí mismo por cualquier retraso, por cualquier momento en que pensé que no estaba listo para soltar. He llegado a entender que la liberación no responde al calendario; llega cuando estoy listo para recibirla.

Y hoy, en este preciso momento, tomo una decisión audaz y radical: perdono a aquellos que me han herido. No lo hago porque se lo deba a alguien, no lo hago porque se espere de mí, sino porque reconozco que merezco este regalo. El perdón no es sobre ellos; es sobre mí. Al soltar el dolor, estoy reclamando como mío algo invaluable: mi libertad, mi paz y mi futuro.

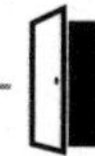

CAVAR MÁS HONDO

Date unos momentos para reflexionar: ¿en qué partes de tu vida sigues cargando el peso de no perdonar? ¿Qué relaciones, recuerdos o experiencias no has podido soltar?

Imagina cómo sería el perdón en tu propio viaje, no como un acontecimiento singular, sino como una serie de pequeñas decisiones que poco a poco aligeran tu carga. ¿Cuál sería tu primer paso? ¿A quién podría ser que tuvieras que perdonar: a otros o quizá a ti mismo?

Recuerda que el perdón no significa borrar el pasado o excusar conductas dañinas. Más bien consiste en elegir tu propia libertad por encima del constante dolor de no soltar.

LLAVES PARA ACEPTAR EL PERDÓN

1. Reconoce la profundidad de tus sentimientos

No solo uses un lenguaje molesto para describir tu dolor. Otórgales a tus sentimientos un lenguaje real y específico. Cuando reflexioné sobre el hombre que me disparó, diseccioné mis emociones: tenía miedo porque no conocía el rostro del atacante, pero él sí conocía el mío; estaba herido porque me dispararon por algo trivial, pero yo creía que mi vida tenía un significado mayor. Estaba triste porque me sentí traicionado, y estaba enojado porque no podía vengarme.

- Escribe exactamente cómo te sentías y por qué. Al plantear estos sentimientos en papel, los descompones en pedazos manejables.

2. Visualiza la vida sin emociones negativas

- Pregúntate: «¿Cómo podría esto conducir a estar más enojado, más triste y con más miedo?».
- Imagínate siendo más feliz, más exitoso y más pleno. Visualizar esta realidad alterna puede ser un incentivo muy poderoso para el perdón.

3. Medita diario sobre la vida que deseas

- Realiza una meditación diaria, concentrándote en la vida que visualizas sin la carga de la ira, la tristeza, el dolor y la venganza. Esta práctica te puede ayudar a reforzar tu compromiso con el perdón y tu viaje hacia la libertad emocional.

4. Ensaya decir «Te perdono»

- Verbaliza tu perdón. Decir las palabras en voz alta permite que el sentimiento permee tu ser de una manera profunda.

5. Reconoce y deja ir las emociones que reaparezcan

- Cuando viejas emociones traten de tomarte por sorpresa, reconócelas sin permitirles echar raíces.
- En vez de eso, reflexiona sobre tu mantra del perdón y comprométete a perdonar sin poner condiciones.

6. Crea tu propio mantra del perdón

- Elabora un mantra personal del perdón que resuene con tu viaje. Repetirlo puede ayudar a reforzar tu compromiso con el perdón y con la sanación emocional.
- Yo no puedo compartir el mío porque es personal. Sin embargo, tú puedes crear uno que diga algo parecido a: «Perdono, y en igual medida, reconozco que soy digno de perdón».

7. Lleva un diario del perdón

- Considera llevar un diario dedicado al perdón.
- Escribe tus pensamientos, sentimientos y reflexiones sobre tu viaje con el perdón. Documentar tu progreso puede ser una herramienta poderosa en el autodescubrimiento y la sanación.

Recuerda que el perdón es un proceso transformativo que comienza con reconocer tu valía. Es un viaje hacia la liberación emocional y el camino para experimentar la libertad de la paz, la alegría y la prosperidad en tu vida.

CAPÍTULO 6

Resiliencia

No importa si un millón de personas te dicen lo que no puedes hacer o si diez millones te dicen que no. Si recibes un solo sí de Dios, es todo lo que necesitas.

—Tyler Perry

Estaba en un ayuno de tres días en solitario. Tranquilamente rechacé cada comida, aun cuando mi estómago se encogía de hambre. Durante tres días seguidos sobreviví sin nada más que agua tibia del lavabo y caramelos sabor cereza para la tos de la cooperativa.

Ya había ayunado antes —por razones espirituales, por disciplina—, pero esta vez era distinto. Ahora no se trataba de la fe: era una cuestión de supervivencia. Estaba preparando a mi cuerpo para la posibilidad de que los guardias de la prisión un día decidieran dejar de alimentarme.

Había atacado a uno de los suyos y sabía que eran capaces de represalias. Si querían castigarme, tenían opciones. Podían matarme de hambre sin más o, peor aún, ponerme en una restricción de comida con el horrendo mejunje conocido como «pan de comida», un ladrillo duro hecho con todo lo del menú de ese día mezclado y machacado hasta formar algo que a duras penas es apto para consumo humano. Rehusaba estar a su merced.

La idea de lo que podía pasar era aterradora, pero, al tomar el control de mi propio sufrimiento, encontré algo inesperado: poder. Al debilitar voluntariamente mi cuerpo, fortalecía mi mente. Me estaba demostrando a mí mismo que podía sobrevivir. Era vulnerable, pero no estaba indefenso.

Por eso lo hice cada mes. Como relojito, pasaba tres días sin comida, obligando a mi cuerpo a ajustarse, entrenando mi mente a superar el hambre. En cada ocasión, me recordaba a mí mismo: *Si puedo sobrevivir a esto por decisión, puedo sobrevivir a esto cuando me lo impongan.* Estaba inoculándome contra el miedo: mataba de hambre mi propia ansiedad antes de que alguien más la pudiera usar en mi contra.

Tiempo después me enteré de que, sin saberlo, estaba siguiendo una lección que Séneca le había escrito a su amigo Lucilio en la Carta 18 de sus *Cartas a Lucilio*. Séneca, uno de los hombres más ricos y más poderosos de Roma, creía que la verdadera fuerza no venía del lujo, sino de la preparación para las penurias. Séneca instaba a Lucilio a exponerse con regularidad a las incomodidades para recordarse a sí mismo que podía sobrevivir sin comodidades. «Aparta de vez en cuando una cantidad de días en los que te contentes con la comida más barata y escasa, con el vestido más áspero y duro, diciéndote a ti mismo: ¿esta es la condición que temía?».

Séneca quería que Lucilio entendiera una idea sencilla: que la riqueza y el confort son ilusiones de seguridad. Si nos entrenamos a nosotros mismos para soportar las privaciones, nos liberamos del miedo de perder.

En esa celda solitaria, sin nada más que hambre y tiempo, inconscientemente había hecho eso mismo. Había aceptado la debilidad antes de que se me pudiera imponer. Y al hacerlo, la había convertido en algo enteramente distinto: resiliencia.

En una cultura que embadurna la palabra «tenacidad» en playeras y tazas, déjame decirte: la resiliencia es más que un eslogan pegajoso o una consigna motivacional para tu equipo de ventas. La resiliencia es tanto un principio espiritual como una orientación psicológica. Para poder atravesar lo difícil, superar obstáculos y salir del otro lado, debes cavar hondo en las partes de ti mismo que los demás no ven. Como Winston Churchill pudo haber dicho alguna vez (o no): «Si estás atravesando el infierno, sigue caminando».

¿Se requirió tenacidad para cumplir con mi condena de prisión, publicar mi primer libro o crear mi primer negocio? Por supuesto. Pero esa tenacidad no era solo determinación en un plano superficial; estaba anclada a una firme creencia, a la que llegué con pura voluntad y una decisión inquebrantable.

Más o menos después de un año de estar cumpliendo mi condena, empecé a tomarme en serio el ejercicio. Antes de eso, me limitaba más que nada a hacer flexiones y abdominales en mi celda. Pero en la Prisión de Máxima Seguridad de Standish comencé a presionarme más. Lo primero fue hacer dominadas y tratar de correr largas distancias. Al principio, a duras penas lograba sacar una o dos dominadas y no podía dar más de dos vueltas a la pista, que solo era de media milla.

La primera semana fue difícil. Diariamente salía y no veía casi ninguna mejora. Mi cuerpo se sentía débil, y la duda se metió en mi mente. ¿Para qué intentarlo si sentía que no iba a ningún lado?

Hasta que un buen día vi algo que cambió mi perspectiva: no solo respecto al entrenamiento, sino respecto a la vida. Fue durante las Olimpiadas de Verano en Barcelona; frente al mundo entero, Derek Redmond vivió un momento de dolor devastador. Estaba corriendo la semifinal de cuatrocientos metros cuando se desgarró el bíceps femoral y se cayó en la pista. Todos pensaron que ya no iba a correr. Pero en lugar de rendirse, Derek se levantó, cojeó y siguió andando. El dolor se le veía en la cara, pero rehusó detenerse. Y cuando su padre corrió hasta la pista para apoyarlo, los dos cruzaron juntos la meta.

Nunca olvidaré ese momento. No se trataba de ganar: se trataba de terminar la carrera, de negarse a permitir que el fracaso lo definiera. La historia de Derek me recordó algo que dijo Dieter F. Uchtdorf alguna vez: «Es tu reacción a la adversidad, no la adversidad misma, lo que determina cómo se desarrollará la historia de tu vida».

Desde ese día abordé mi entrenamiento con una nueva mentalidad. No se trataba de dónde había empezado, sino de mi disposición para continuar. Seguí haciendo dominadas hasta que me salieron las series con facilidad. Me obligué a correr más y más cada semana, hasta que pude completar vueltas sin perder el aliento. Un año después, de regreso en el Reformatorio Michigan, donde tenían mancuernas y barras, empecé de nuevo desde el principio. Mi meta era levantar algún día 225 libras. Tomó años de un esfuerzo constante, pero eventualmente logré llegar a esos números, levantando un máximo de 455 libras, con series de quince repeticiones de 225. Me volví uno de los entrenadores más respetados del patio.

Pero lo que más importaba no era la fuerza física que adquirí, sino la resiliencia mental que construí sobre la marcha. Y la resiliencia mental resultó ser mi camino hacia la libertad.

«¿Qué más puedes hacer con tu mente?».

La pregunta de Tom se escuchó por encima de los gruñidos de quienes estaban levantando pesas, el golpeteo de la pelota de basquetbol contra la cancha encarpetada y la sarta de palabrotas que rebotaban de las paredes del centro recreativo del Reformatorio Michigan, un lugar que era todo un universo caótico dentro de la vieja prisión amurallada. Había estado trabajando para Tom como secretario durante casi un año, agendando eventos deportivos intramuros, ignorando las apuestas altas en las mesas de billar y asegurándome de que las frecuentes peleas no se salieran de control. El centro recreativo era el lugar donde yo operaba mis negocios, me ponía al corriente con mis amigos y me mantenía al tanto de lo que pasaba afuera en el patio. Los sábados en la mañana organizábamos partidos informales para los mejores jugadores del complejo, y entre semana teníamos partidos de beisbol y futbol entre equipos de distintos bloques de celdas. Fue uno de los empleos de la prisión que sí disfruté. Tenía acceso a todo, y trabajar para Tom era como trabajar para tu tío buena onda que te deja hacer cosas que tus padres nunca hubieran permitido.

Tom no era como la mayoría del personal. No le interesaban las peleas ni apostar. Nunca nos sermoneaba sobre cómo vivir nuestra vida. En cambio, hacía bromas, nos hablaba de la vida en el exterior o nos preguntaba cosas que nos hacían pensar. Su reto —«¿Qué más puedes hacer con tu mente?»— no fue una pregunta casual.

Para mí fue un momento decisivo: me obligó a detenerme y reflexionar sobre mis capacidades.

Un día Tom me contó que había leído un artículo que escribí para *The Hill Top News*, nuestro periódico oficial de la prisión. Después de cuestionarme en broma si lo había escrito o lo había plagiado, se puso serio y profundo conmigo por primera vez, a lo que le seguirían muchas conversaciones profundas. Le dije a Tom que solo había escrito el artículo para el periódico porque un amigo que trabajaba ahí me pidió que escribiera algo cuando su escritor principal fue transferido a otra prisión.

—Eres listo, Shaka. Eres un líder nato. La gente te seguirá. Solo decide adónde la quieres guiar —me dijo Tom.

Sus palabras me encaminaron a un viaje de autodescubrimiento, escritura y, sobre todo, resiliencia muchos años después. Pero no sucedió de la noche a la mañana. Se necesitaron cinco años después de que dejé a Tom en el Reformatorio Michigan para que me replanteara su pregunta: «¿Qué más puedes hacer con tu mente?». Había poder en esas palabras. Me reconocía como una persona de valía y me daba algo profundo qué ponderar y eventualmente transformar en hechos.

Seis años después, sentado en confinamiento solitario, empecé a soñar con una vida más allá de los barrotes. Ya había empezado a escribir en mi diario y a desenterrar el pasado, pero ahora me atrevía a soñar sobre el futuro en un ambiente donde casi todos los sueños eran pesadillas. Tenía un deseo ardiente de escribir un libro, pero no tenía computadora, máquina de escribir o siquiera una pluma adecuada. Todo lo que tenía era la visión y la determinación de hacer algo significativo con mi mente. Completar un manuscrito sería una expresión simbólica de que no solo podía concluir algo tangible, sino de que podía emprender el viaje hacia la transformación de mi vida. Así que levanté mi endeble pluma hecha a mano, la envolví con un papel y empecé a garabatear mis ideas en cuanta hoja pude encontrar. Cada página me llevó un paso más cerca de la nueva vida que estaba creando.

Como dice el dicho, «no puedes lograr lo que no puedes concebir». Ya había escuchado esas palabras muchas veces. Cuando empecé a escribir mis metas para volverlas reales, mi miedo y mi parálisis mental se empezaron a desvanecer. Cuando le conté mis metas y mis sueños a la gente adecuada —los que me retaban y me apoyaban—, empezaron a cristalizar en mi mente, lo cual me llevó a dar pasos concretos con mis actos. Además, les dio permiso a esos otros para soñar con valentía.

En la cárcel, los libros y la escritura fueron mi escape y mi educación. Escribí todos los días y devoré filosofía y estrategia; leí de todo, desde *El arte de la guerra*, de Sun Tzu, hasta *El príncipe*, de Maquiavelo. El sistema se diseñó para limitar qué tanto nos podíamos empoderar: los directores de las prisiones prohibían ciertos libros y limitaban el acceso a la información. Pero yo sabía que, para sobrevivir, tenía que aguzar mi mente, pensar de forma crítica y mantenerme un paso adelante de cualquier cosa que creyera pudiera detenerme, incluyendo mis propios pensamientos oscuros.

Podía percibir el impacto que tenían los libros en mí por lo optimista que me empezaba a sentir por dentro. Era como la proverbial luz al final del túnel, excepto que, para mí, cada libro era como un rayo de luz en el interior de ese túnel, guiando mis pasos. También podía ver los efectos de mi lectura aparecer en lo que escribía en mi diario. La filosofía me retaba emocional e intelectualmente de una manera que nunca antes había experimentado. Por primera vez en mi vida me hacía preguntas difíciles. ¿Te vas a esforzar cuando las cosas se pongan difíciles? ¿Cómo vas a abrirte paso en este ambiente sin redundar en la violencia? ¿Qué estás dispuesto a hacer para maximizar tu potencial?

Estaba leyendo cosas muy profundas y me encantaba. Adoraba a los filósofos estoicos, como Marco Aurelio, en especial sus *Meditaciones*. Hasta ese momento, nunca pensé en dominar las emociones como una herramienta de poder y voluntad propia. Me encantaban los debates de los sofistas porque me recordaban las batallas verbales que teníamos los hombres y yo en la biblioteca jurídica. Incluso les cambié los nombres al leer los diálogos socráticos para volverlos más accesibles. En lugar de Glaucón, usaba nombres como Tyrone, y en lugar de la alegoría de la caverna, lo cambiaba por alegoría del sótano. Cualquier cosa que me retara a evaluarme de una manera crítica, acabar con las excusas y dominar mi mente, me atraía.

Nunca olvidaré aquel día que leí esta frase de *Como un hombre piensa, así es su vida*, de James Allen: «Te convertirás en algo tan pequeño como tu deseo controlador; en algo tan grande como tu aspiración dominante». La leí una y otra vez, antes de que se me ocurriera que necesitaba escribirle al director de la prisión para tratar de convencerlo de que me dejara salir del confinamiento solitario. Si iba a salir de prisión, primero tenía que volver a formar parte de la población general. Durante muchos años, mi deseo controlador era pelear con quienes me hacían enojar, pero en ese momento mi aspiración dominante era salir del confinamiento solitario para que, así como les prometen a los reclutas del ejército, yo pudiera ser todo lo que era capaz de ser.

Le escribí una carta al director de la prisión no solo para pedirle que me dejara salir de solitario, sino para declarar mi intención de vivir en mis propios nuevos términos. La carta decía algo así:

Querido director:

Al leer esta carta, espero que considere esta pregunta esencial: ¿qué cosas cree que sean ciertas? Cuando entré a prisión, decidí nunca seguir las reglas, ignorar a cualquier figura de autoridad que contradijera mi espíritu rebelde. Después de casi nueve años en prisión y treinta y cinco infracciones, es evidente que cumplí mi palabra. Así que, si usted reconoce mi compromiso para con mi palabra desde una luz negativa, ¿también podría creer en mi sinceridad sobre mis intenciones positivas?

Si la verdad es lo que más importa en nuestro diálogo, lo animo a reflexionar sobre lo que estoy a punto de proponerle. Si acaso usted, de casualidad, me permitiera reincorporarme a la población general, le doy mi palabra de que, por el resto de mi encarcelamiento, me dedicaré exclusivamente a nutrir mi talento narrativo y orientar a los jóvenes en el patio, dones que descubrí en este lugar y que deseo compartir con los prisioneros y luego con el mundo.

Dada su extensa experiencia en correccionales, si usted reconoce que la palabra de una persona puede ser testamento de su carácter, sin importar la pasada negatividad, espero que me dé una oportunidad. Promueva mi liberación y le prometo orientar a los demás reclusos hasta mi liberación, publicar los libros que he escrito a mano y convertirme en inspiración para muchos a lo largo de todo el planeta. Todo depende de una cosa: que usted confíe en mi palabra.

Inesperada y sorprendentemente, recibí una respuesta positiva del director de la prisión. Gracias a que escribí esa carta, al final terminé obteniendo la libertad. Pensé: «¡Estos rollos filosóficos sí funcionan!». Me había manifestado a mí mismo de vuelta en la población general, aun cuando tomó un poco de tiempo que se materializara. Pensarlo y decirlo para hacerlo realidad fue parte del proceso, pero la acción y el seguimiento fue lo que lo unió todo.

Nada vino sin adversidades. Después de terminar mi libro, me agaché frente a la puerta de mi celda y grité: «¿Alguien quiere leer este libro que acabo de escribir?». Alguien casi al final del piso gritó de vuelta: «Nadie quiere leer tus pendejadas, esto no es *Oprah*». Por un segundo me quedé desconcertado y sentí que aparecía la vieja y familiar ira: podía hacer que apuñalaran a esa persona cuando saliera al patio. Pero, en cambio, hice algo mejor. Permití que sus palabras me retaran a pensar exactamente qué quería extraer de mi escritura, más allá de que cualquiera la leyera. Tomé sus palabras y las convertí en una osada nueva meta: quería escribir algo digno de que Oprah Winfrey misma se tomara el tiempo de leerlo.

Cuando salí de prisión después de diecinueve años, siete en confinamiento solitario, el mundo no desplegó la alfombra roja para mí precisamente. Me encontré de pie en Rouge Park, en el lado oeste de Detroit, tratando de vender mi primer libro autopublicado. Me sentía fuera de lugar, en ropa de recién salido de la prisión que me quedaba grande y lentes que no iban conmigo. Había esperado que la cárcel fuera dura, pero no anticipé la indiferencia de las calles. Recuerdo a un tipo riéndose de mí, diciendo: «La gente aquí no lee».

Pero no me salí del juego. Había trabajado muy duro en prisión y en las calles, y no iba a dejar que un poquito de rechazo me detuviera. Le respondí con una sonrisa: «Puede que no, pero estoy seguro de que alguno de sus seres queridos sí. Este sería un gran regalo, o cuando mínimo lo puede poner abajo de la pata coja de una mesa o del sofá». Se rio, y para cuando terminamos de platicar, tenía yo treinta dólares en el bolsillo.

Así me di cuenta de que necesitaba una estrategia que incluyera una de mis herramientas más sólidas aparte de mi pluma: hablar. Empecé como voluntario a dar pláticas en escuelas locales, en sedes del programa vocacional Job Corps y en cualquier lugar donde me dejaran hablar. Cada vez que me dirigía al público, vendía todos los libros que llevaba conmigo. No se trataba solo de vender libros, sino de compartir una historia, de crear una conexión, de proyectar una visión. Si podía pararme frente a la gente, lograría hacerles ver el valor de mis palabras.

Un día recibí la lista de asistentes a un evento privado en Utah, donde iba a dar una plática. Me quedé helado: Mellody Hobson y George Lucas iban a estar ahí. Sabía que tenía que causar un impacto, y decidí que poner mi libro en las manos del centenar de asistentes era la forma de lograrlo.

Pero había un problema: no tenía mucho dinero. Entre mis negocios y cuentas personales, no había suficiente para cubrir cómodamente el costo de regalar los cien libros, que sumaban dos mil quinientos dólares. Era un gran riesgo y un giro importante. Después de todo, estaba a punto de regalar libros a personas que claramente podían costearlos. Pero yo creía en mi mensaje, así que usé casi todo el dinero que tenía para imprimir y enviarle los libros a mi amiga Jess para que pudieran regalarlos mientras yo estaba en el escenario. Cuando terminé de hablar, me sentí en paz. Aun si nada salía de aquello, sentía que lo había dado todo y había puesto mi mayor esfuerzo.

Más tarde ese día, un hombre muy bien vestido se me acercó. Se veía serio. Me preparé, en espera de algún comentario desagradable. Pero no.

—Estoy enojado contigo —dijo sonriendo, y antes de que yo pudiera preguntar por qué, continuó—: Mi esposa está en la sala leyendo tu libro, ¡cuando se suponía que estaríamos juntos!

La esposa de ese hombre, Andrea Wishom, pronto se convirtió en una amiga muy querida.

Después de leer mi libro, sin decirme nada, Andrea se lo pasó a Oprah. Un año después, solo cinco después de salir de prisión, recibí una llamada que lo cambiaría todo. Oprah quería entrevistarme en su programa *Super Soul Sunday*.

Meses después volé a California para la filmación. Cuando llegué al hotel, me sentí como un niño la noche antes del primer día de escuela. Puse mi ropa encima de la cama y hasta me la probé. Me senté en una silla e imaginé tener a Oprah enfrente, preparándome para uno de los más grandes momentos de mi vida. Me puse un suéter Polo azul claro, un par de jeans buenos, zapatos Ferragamo y calcetines divertidos. A la mañana siguiente me fui a su casa, sorprendentemente tranquilo, o por lo menos hasta que las puertas de Promised Land (su finca) se abrieron. En ese momento, los viejos relatos se empezaron a colar por todas partes.

¿Y si menciona mi crimen y me lo echa en cara? ¿Y si me tiene miedo? ¿Y si me juzga?

Todos esos pensamientos corrieron por mi mente, me ganaron los nervios y casi empiezo a temblar. Pero luego me paré en seco con una simple y tonta pregunta: *¿Cómo me dirijo a ella? ¿Señora Winfrey? ¿Mama O? ¿Oprah?*

La idea me hizo reír, y antes de que pudiera pensar una respuesta, Oprah misma apareció. Gritó mi nombre con voz cantarina:

—¡Shaka, Shaka, Shaka!

Me envolvió en un cálido abrazo y en ese momento supe que estaba a salvo. Sabía que mi verdad sería tratada con cuidado.

Durante las siguientes tres horas, Oprah me guio a través de mi historia. Extrajo mi verdad con compasión, y compartimos risas y lágrimas.

Cuando volví a casa, estaba en el séptimo cielo. Iba camino a celebrar cuando recibí una llamada... de Oprah. Dijo que quería asegurarse de que tuviera su número personal, y soltó:

—Quiero que seamos amigos.

No lo podía creer. Oprah —la más galardonada y extraordinaria mujer de todo el mundo— quería ser mi amiga.

A partir de ese momento empezamos a intercambiar mensajes de texto y llamadas ocasionales. Así es: le mando mensajes a Oprah.

Con los años, ella y yo hemos trabajado en proyectos juntos, nos buscamos cuando el mundo parecía estarse desmoronando y nos hemos mantenido mutuamente emocionados sobre el poder de la palabra escrita. Ha sido una inspiración, una colaboradora y, sobre todo, una verdadera amiga.

De vez en cuando, una pequeña y mezquina parte de mí no puede evitar preguntarse en voz alta: «¿Dónde está el tipo ese que me dijo que esto no es *Oprah*?».

EL NEGOCIO DE LA RESILIENCIA

Llevé conmigo ese trabajo duro —la tenacidad, la determinación, la resiliencia— al mundo de los negocios. Después de dejar mi puesto como director ejecutivo de ARC

(Coalición contra la Reincidencia), fundé mi propia consultoría sobre liderazgo ejecutivo y narración de historias, Shaka Senghor Inc., y me encontré viviendo mi sueño. El negocio iba despegando. Tenía contratos de seis cifras. Y luego vino la pandemia. En cuestión de semanas, todos los contratos quedaron rescindidos. Todo lo que había construido se empezó a evaporar.

En los negocios, usamos palabras como «determinación» y «resiliencia» para inspirar a los equipos. Pero si no has visto a la cara a la verdadera adversidad, no puedes comprender plenamente lo que esas palabras significan. Yo sabía lo que era ser resiliente porque lo viví. La pandemia fue solo un reto más, otra oportunidad para adaptarme. Eso es la resiliencia: encontrar nuevas formas de tener éxito cuando el mundo te dice que pares.

En mi caso, cuando la pandemia destruyó mi nuevo negocio, me cambié al mundo corporativo. Por supuesto, las corporaciones enfrentaban sus propias repercusiones: me uní a TripActions, ahora conocida como Navan, cuyo negocio de viajes se había diezmado casi de la noche a la mañana. Pero el director ejecutivo, Ariel Cohen, nunca perdió de vista que había una oportunidad mayor. Nos dijo que la gente volvería a viajar, y cuando eso pasara, estaríamos en la mejor posición para servir al mundo. Tenía razón.

Navan se levantó y el liderazgo de Ariel durante esos tiempos difíciles me enseñó que la resiliencia en el mundo corporativo requiere la misma concentración, determinación e imaginación que se necesita para salir de la cárcel y no volver a entrar. Exige que evalúes con honestidad tu situación y aprendas de otros que han enfrentado la adversidad y la han superado.

Ser parte de un equipo con esa mentalidad me inspiró. Me recordó lo que había hecho con mi mente tantos años antes en prisión: reformar mi pensamiento, educarme a mí mismo y construir resiliencia con cada contratiempo. Cuando me fui de Navan, supe que, fuera cual fuera mi siguiente proyecto, sería todavía mejor, pues tenía la seguridad, la determinación y la resiliencia para volverlo realidad.

LA RESILIENCIA EN LAS HISTORIAS QUE ME MOLDEARON

Una cosa es hablar de resiliencia, pero vivirla no siempre es fácil. Ver más allá de los reveses requiere que hurgues en lo profundo. En mi caso, mucho del combustible para seguir adelante venía de la inspiración de historias ajenas.

En 2017, durante un viaje a Memphis, visité el Museo Stax para ver el legendario Cadillac Eldorado con baño de oro de Isaac Hayes. Siempre había sido fan de Hayes; su música se sentía como comida para el alma. Pero después de mirar un documental en Stax Records, mi admiración aumentó. El sello no era solo una fábrica de éxitos: era testimonio de un emprendimiento resiliente.

Al Bell, que tuvo un papel determinante en el éxito de Stax, vio cómo el sello discográfico se caía a pedazos después de perder su catálogo musical entero en un acuerdo de distribución con Atlantic Records, una sociedad fallida con CBS Records y un sobreendeudamiento. Imagínate eso: el legado y la fuente de ingresos destruidos. Pero en lugar de retirarse, Bell redobló esfuerzos. Reconstruyó Stax radicalmente, apostando a nuevos talentos y música. ¿El resultado? Un resurgimiento que produjo parte de la mejor música *soul* que se haya hecho. Más adelante produjo éxitos como «Whoomp! (There It Is)», del grupo de rap Tag Team, y «The Most Beautiful Girl in the World», de Prince, demostrando que incluso un enorme contratiempo era temporal si seguías siendo incansable.

Es la clase de resiliencia que me inspiró durante mis días más oscuros. Cuando estás aislado, con nada más que tus pensamientos y unos cuantos libros, tienes dos opciones: hundirte o levantarte. Yo elegí levantarme. Me aferré a las historias de quienes habían hecho lo mismo, personas como Nelson Mandela, que pasó veintisiete años preso, pero nunca perdió de vista cuál era su gran misión. Una vez dijo: «La más grande gloria en la vida no radica en no caerse nunca, sino en levantarse cada vez». Esa cita me mantuvo vivo durante mis tiempos más difíciles, porque entendí que ser resiliente no es evitar el fracaso: es recuperarte de él.

Yo me sumergí en libros increíblemente profundos de mujeres brillantes y fuertes, como *Yo sé por qué canta el pájaro enjaulado*, de Maya Angelou, y *Thick Face, Black Heart*, de Chin-Ning Chu. Chu escribió: «La capacidad de alcanzar tu mayor potencial está directamente relacionada con tu capacidad de salir adelante de la adversidad, desarrollar una voluntad indestructible y aceptar el hecho de que el éxito muchas veces exige un corazón temerario y saber aguantar».

Leí *La autobiografía de Malcolm X* y encontré la fortaleza para redefinirme, para imaginar un futuro donde yo fuera más que una estadística. Malcolm me mostró que, sin importar dónde empieces, tu historia no está grabada en piedra. Tienes el poder de reescribirla, pero se requiere decisión y visión, y aunque vaciles, si crees en ti lo suficiente, puedes salir adelante.

No solo me alimenté de autobiografías; otros escritos de ficción y no ficción tuvieron un papel. Libros como *El amo del juego*, de Sidney Sheldon; *Apocalipsis*, de Stephen King, y *World's Great Men of Color*, de J. A. Rogers, me enseñaron que la resiliencia aparece en los personajes menos esperados, quienes enfrentan obstáculos insuperables, pero encuentran la manera de lograrlo. Aníbal cruzando los Alpes con elefantes no fue solo una estrategia militar brillante: fue audacia. La cuestión es creer que, aunque el camino esté bloqueado, se puede pasar de otra manera.

La vida, invariablemente, nos presentará oportunidades para poner en duda nuestras creencias, fortalecer nuestras convicciones o ceder bajo la presión. Estas opciones, aunque son incómodas, son la vía real hacia nuestra liberación personal. Depende de nosotros, y solo de nosotros, decidir la dirección que queremos tomar. En medio de la incomodidad, el caos y momentos inquietantes, tenía la posibilidad de decidir. Fue una de las más grandes lecciones en mi vida: en todo momento estamos tomando una decisión. ¿Seguimos avanzando en nuestra mente o nos escurrimos hacia ese espacio vacuo que nos dice que no hay opción?

CADA TROPIEZO TE DA LA OPORTUNIDAD DE LEVANTARTE

Cuando pienso en Al Bell reconstruyendo Stax, en Nelson Mandela sobreviviendo veintisiete años en prisión, en Maya Angelou peleando contra el racismo, en Chin-Ning Chu enseñando el poder de la resiliencia y la fortaleza estratégica o en Aníbal cruzando los Alpes, recuerdo lo que he tenido que hacer en mi vida.

Cuando estaba en prisión, no tenía acceso a la tecnología, a un contrato editorial o siquiera a la convicción de que a la gente le importaría lo que yo tuviera que decir. Pero lo escribí de todas maneras. Más adelante, vendí mis libros desde la cajuela de mi coche, enfrentando rechazo tras rechazo, hasta que, finalmente, uno acabó en manos de Oprah. Eso no sucedió porque yo tuviera alguna clase de plan maestro… sucedió porque me negué a detenerme. En aquel entonces no tenía agente ni publicista. Todo lo que tenía era tenacidad, determinación, el regalo de la serendipia y la disposición de dar un giro en lugar de rendirme cuando las cosas no funcionaban.

Resiliencia es saber que cada tropiezo te da la oportunidad de levantarte. Es ese momento en que ya llegaste al límite, pero encuentras una manera de aguantar un poco más y sigues adelante. Es dar ese pequeño y deliberado paso adelante cuando el camino parece bloqueado, confiando en que la persistencia te hará avanzar.

La resiliencia consiste en comprender que, aun si el mundo te es desfavorable, el poder de ir en ascenso es tuyo. Se trata de buscar a los Al Bell, Mandela, Angelou, Chin-Ning Chu y Malcolm X, y reconocer que sus historias no difieren tanto de la tuya. Todos ellos enfrentaron momentos en que pudieron haberse retirado del juego, pero no lo hicieron. Aguantaron, y gracias a eso alcanzaron la grandeza.

UNA VISIÓN PARA EL FUTURO

Cuando volteo la mirada hacia el camino que he recorrido, desde garabatear notas en una celda de prisión hasta vender libros en las calles e introducirme al mundo de los negocios, veo un patrón. Cada revés fue una oportunidad de crecimiento. Cada rechazo avivó mi siguiente paso. No era cuestión de evitar la adversidad, sino de aceptarla, aprender de ella y usarla de impulso.

La resiliencia no es una habilidad: es una mentalidad que requiere ser nutrida. Uno no se vuelve resiliente sin más: te pasa mierda y media, te fortaleces; te pasa más mierda, te fortaleces más, y, cuando enfrentas aún más mierda, te das cuenta de que se trata de que tu mente, tu cuerpo y tu espíritu trabajen juntos. Es la capacidad de aguantar los golpes de la vida y seguir moviéndote hacia adelante tirando ganchos.

LA LECCIÓN ESTÁ EN LA LUCHA

La resiliencia se encuentra en la lucha. Se encuentra en decidir levantarte cada vez que te caes. Ya sea superar los desafíos de estar en prisión, navegar por el despiadado mundo de los negocios o enfrentar dificultades personales, el poder de sobrevivirlas radica en nosotros. Solo tenemos que acceder a ella al reconocer qué estamos viviendo, meditar al respecto, rezar y desarrollar un plan funcional y práctico de acción que nos mantenga avanzando un pensamiento a la vez.

Así que pregúntate qué más puedes hacer con tu mente. La respuesta podría cambiar tu vida.

La resiliencia no es un destino: es un viaje, un proceso que aprendes y reaprendes a lo largo de los inevitables desafíos en la vida. No es algo con lo que naces: es algo que construyes, momento a momento, una decisión tras otra. Cada contratiempo con el que me he topado ha sido una oportunidad para profundizar y ver de qué estoy hecho en verdad.

Observar a Derek Redmond terminar esa carrera con ayuda de su padre me enseñó que la resiliencia empieza en la mente. No es cuestión de evitar el dolor ni el fracaso, sino de elegir terminar, sin importar lo roto que estés. Ese momento cambió mi perspectiva sobre lo que significa seguir adelante, aun cuando las desventajas parezcan infranqueables.

La resiliencia no es solo sobrevivir a la adversidad. Es reconocer que cada parte de ella es una oportunidad de volverte más fuerte, tanto mental como espiritualmente. Cada vez que me vi en una posición difícil, ya fuera en el patio de la prisión, a solas en mi confinamiento o en las calles de Detroit, aprendí que la clave para atravesar eso no era huir del dolor, sino acercarme y aprender de él.

En el corazón de la resiliencia se encuentran la visión y la determinación. Es la capacidad de ver un mejor futuro, aunque tu realidad actual parezca sombría. Fuera cual fuera mi meta (levantar 225 libras, escribir un libro en confinamiento solitario o salir y vender ese libro a personas que dudaban de mí, la claridad de mi visión fue lo que me dio la fuerza para seguir.

Pero la resiliencia no se construye en aislamiento. Muchas veces son las personas que creen en nosotros, como el padre de Derek Redmond, quienes nos ayudan a levantarnos. Yo no lo hubiera logrado sin mentores como Tom, que me preguntó qué podía hacer con mi mente, o Andrea, que le dio mi libro a Oprah. La resiliencia tiene que ver tanto con construir relaciones como con tu fuerza interna.

Y lo más importante: la resiliencia no es lineal, sino circular. Cada reto se construye sobre el anterior, enseñándote a superar el siguiente. Cada vez que me tropecé y me levanté, me estaba entrenando a mí mismo para ver los pasos atrás como escalones hacia algo más.

LLAVES PARA CONSTRUIR RESILIENCIA

1. Define tu visión

- Piensa en una meta o dificultad que estés enfrentando actualmente. Escríbela en términos claros y concretos. Visualiza tu línea de meta y cómo es para ti el éxito.
- *Ejemplo*: Si tu meta es empezar una nueva carrera, escribe exactamente dónde quieres estar en cinco años, qué pasos necesitas tomar y por qué te importa.

2. Da un pasito cada día

- Descompón tu objetivo en piezas manejables y comprométete a hacer algo pequeño cada día, incluso si es incómodo o difícil. El progreso, sin importar su tamaño, genera impulso.
- *Ejemplo*: Si tu meta es estar más sano, empieza haciendo cinco minutos de ejercicio al día o cambiar un tentempié malo para la salud por algo nutritivo.

3. Aprende de tus caídas

- Reflexiona sobre alguna ocasión en que hayas enfrentado el fracaso o el rechazo. Pregúntate: «¿Qué aprendí de esa experiencia?». «¿Cómo me volví más fuerte gracias a eso?». Usa estas lecciones para guiarte hacia adelante.
- *Ejemplo*: Ten un diario donde documentes tus dificultades y escribas sobre cómo las superaste o qué te enseñaron.

4. Construye tu sistema de apoyo

- Identifica a la gente en tu vida que te anima y te inspira. Comparte con ella tus metas y pídele apoyo o guía. Rodéate de voces que impulsen la resiliencia.
- *Ejemplo*: Establece contacto regular con un amigo, mentor o guía para que te recuerde tu compromiso y te ofrezca perspectiva.

5. Replantea tu mentalidad

- Cambia tu enfoque de los obstáculos a las oportunidades. En lugar de preguntar: «¿Por qué me está pasando esto?», pregunta: «¿Qué puedo aprender de esto? ¿Cómo me hará más fuerte lo que está ocurriendo?».
- *Ejemplo*: Practica la gratitud escribiendo cada día tres cosas por las que te sientas agradecido, incluso en tiempos difíciles. La gratitud te ayuda a ver los desafíos bajo una luz más positiva.

La resiliencia no es ser inquebrantable; es encontrar la fuerza para reconstruirte, pedazo a pedazo, cada vez que la vida te derrumba. Es terminar tu carrera, aunque tengas que cojear hasta la meta. Estas cinco llaves son herramientas que te ayudarán a escarbar dentro de ti y construir la clase de fuerza que te lleve hacia delante, no solo hoy, sino el resto de tu vida.

TERCERA PARTE

ABRAZAR LA LIBERTAD

CAPÍTULO 7

Esperanza y aplomo

La esperanza sonríe desde el umbral del año que viene, murmurando: «Será más feliz».

—Lord Alfred Tennyson

Llevaba como tres años fuera de prisión cuando salí a celebrar con unos amigos. Decidimos ir a un cabaret de Detroit, uno de esos clásicos eventos de fin de semana donde los promotores dan una fiesta y la ciudad entera llega vestida de gala. Los cabarets son tan de Detroit como los *hot dogs* de Coney Island y la música Motown: antiguas tradiciones donde los invitados llevan sus propias botellas de alcohol, le compran al anfitrión alitas de pollo y papas fritas, y bailan toda la noche.

La fiesta era temática y, por ser verano, había que ir vestidos completamente de blanco. La gente iba muy elegante: las mujeres de vestido largo, los hombres con traje de lino; todos parecían recién bajados de una pasarela. Estábamos ahí para disfrutar la noche, pero al salir del evento, la energía cambió.

Se empezaron a pelear un joven y un guardia de seguridad en el estacionamiento. Subieron la voz y el guardia lo escaló hasta algo peligroso.

—Voy a mi coche por mi pistola —dijo.

La amenaza era real, y de pronto todos nos pusimos nerviosos. La gente se aventaba a los coches; algunos hasta se fueron tallando las llantas en el pavimento con tal de evitar lo que pudiera pasar después.

Yo tenía dos opciones: subirme a mi coche y marcharme con el resto de la gente, o tratar de calmar la situación.

El riesgo era alto, más alto que cualquier cosa que hubiera enfrentado aplacando conflictos en prisión. No se trataba únicamente de calmar a alguien: había un arma de por medio. Pero algo dentro de mí me hizo avanzar hacia ellos. Me acerqué al joven, parado muy erguido y rígido de rabia, y lo miré a los ojos.

—Hermano, no vale la pena. Mejor te llevamos a tu casa, con tu familia —dije con voz firme y calmada.

Por un momento, no estaba seguro de si le habían llegado mis palabras, pero luego vi cómo se le relajaban los hombros y la tensión dejó su cuerpo como si se le saliera el aire a un globo. A mis espaldas, mis amigos Calvin y Jay estaban calmando al guardia de seguridad, que ya había llegado hasta su coche, pero ahora dudaba.

Después de una larga y tensa pausa, el joven dijo:

—Te haré caso, viejo.

Lo ayudamos a llegar a su auto y nos aseguramos de que se subiera sin percances. Luego, al fin, me fui a mi propio coche, con las piernas pesadas por la energía que se había drenado en esos intensos minutos. Al ponerme el cinturón de seguridad, dejé escapar un largo suspiro. «Nos salvamos por un pelo», pensé.

Pero ese momento me enseñó dos importantes lecciones. Primero, en momentos de intenso conflicto, a veces todo lo que se necesita es la esperanza de ser visto y comprendido para transformar la energía. Y segundo, mantener mi propio autocontrol no solo me empodera: empodera a otros. No recomiendo este llamado a la acción a nadie, pero en ese momento es lo que yo sentí que debía hacer.

De niño crecí viendo la serie educativa *El vecindario del señor Rogers* y aprendí sobre la tranquilidad y compasión cuando él hablaba de temas difíciles de una manera considerada y atenta. Nunca imaginé que esas mismas lecciones se representarían en un estacionamiento de Detroit. Pero ahí estaba, haciendo uso de esas enseñanzas de mi infancia. El señor Rogers me mostró que la calma no es pasiva, sino activa. Se trata de encontrar la tensión con presencia, el miedo con comprensión y el caos con claridad.

En ese estacionamiento, en medio de los gritos y las amenazas, no solo estaba neutralizando un conflicto: estaba honrando esas lecciones. El aplomo y la esperanza te estabilizan, pero además estabilizan a quienes tienes alrededor.

La esperanza fue una de las herramientas que usé para salir de mi prisión interna. No era nada más un sentimiento o un deseo vago: fue una fuerza que me impulsó hacia adelante siempre que todo a mi alrededor parecía perdido. La esperanza aparecía en destellos de luz, metiéndose entre las grietas, recordándome que del otro lado había algo por lo que valía la pena pelear. No se trataba solo de supervivencia, sino de enfrentar las cadenas que no podía ver: la vergüenza, los miedos y la ira que cargaba conmigo, y el peso de los relatos según los cuales mi pasado me definía. La esperanza me dio el valor para creer que podía romper esas cadenas.

Encontré esperanza en lugares sorpresivos, en libros que contaban historias de resiliencia, en héroes ficticios que se caían y se volvían a levantar, y en los hombres que trabajaban incansablemente en la biblioteca de la prisión para reclamar su libertad. Lo vi en atletas que rehusaron rendirse, que se seguían poniendo de pie sin importar cuántas veces los noquearan. Lo encontré en la música —mi santuario—, donde las letras y los ritmos me recordaban que no estaba solo. Esos fragmentos de esperanza se volvieron salvavidas, ayudándome a imaginar una existencia más allá de mis circunstancias.

La esperanza rara vez llega entera, pero si estás abierto a recibirla, te encontrará. Quizá venga de una película, una persona o incluso una canción.

THE SHAWSHANK REDEMPTION ES *ILLMATIC*

Por fin vi *The Shawshank Redemption* (*Sueño de fuga*) después de treinta años. Es curioso que la gente con mucha frecuencia me hacía preguntas sobre la película, dando por sentado que la había visto por haber estado en la cárcel.

—¿En serio es así? —me preguntaban, como si cada experiencia carcelaria se pudiera resumir en un guion de Hollywood.

Yo estaba en prisión cuando salió la película. En las cárceles están prohibidas las películas y las series de televisión sobe encarcelamiento, así que, mientras el mundo pudo experimentar *Shawshank*, yo estaba viviendo mi propia versión.

Cuando al fin la vi, décadas después, una escena se clavó en mi memoria como un recuerdo que no viví, pero con el que me identificaba hasta los huesos: la conversación entre Andy y Red sobre el poder de la música. Andy dice: «Lo bueno de la música es que no te la pueden quitar». Él habla de cómo la música ofrece un refugio, algo intocable, algo que trasciende las paredes de la prisión. Y en un lugar donde te despojan hasta dejarte con nada, eso lo es todo.

Andy no solo estaba hablando de música. Hablaba de esperanza, de aplomo, de las partes de nosotros que nadie se puede robar, sin importar cuánto lo intenten. «La esperanza es algo bueno —dice Andy—. Tal vez la mejor cosa de todas, y nada de lo bueno se muere».

Está muy loco pensar que el mismo año en que *Shawshank* llegó a los cines, el mejor álbum de rap de todos los tiempos, *Illmatic*, llegó a mi vida como un salvavidas. Estaba en el Reformatorio Michigan; llevaba tres años de condena. Era un lugar brutal, una especie de escuela de gladiadores donde la supervivencia no era solo física, sino mental. Recuerdo que al leer la revista *The Source*, vi que le dieron cinco micrófonos al álbum debut de Nas, un honor otorgado a lo mejor de lo mejor. Era todo lo que necesitaba saber. Pedí el casete de inmediato y esperé.

Cuando llegó, estaba listo. Sentado en mi cama, le puse *play* y me fui en un viaje lírico con Nas desde mi celda de la prisión hasta Queensbridge. La aptitud de Nas para crear imágenes vívidas sobre la vida en las zonas urbanas deprimidas, acompañada de una profunda visión poética de la experiencia humana, fue una cátedra de lo que significa ser un artista. Nunca olvidaré el momento en que empezó a sonar «One Love». Fue como si Nas me estuviera hablando directamente a mí, directo a mi alma, cuando escupió: «What up, kid? I know shit is rough doin' your bid. When the cops came, you shoulda slid to my crib» (¿Qué pasa, muchacho? Sé que está de la mierda hacer lo tuyo. Cuando llegó la policía, te hubieras venido a mi casa). Me paré de la cama de un salto y empecé a caminar por toda la celda escuchando desarrollarse la historia. La letra, brutal y hermosa, era una carta a un amigo que estaba en la cárcel, y en ese momento sentí que me estaba escribiendo a mí. Me había sentido abandonado, olvidado por tantos allá afuera, por amigos con los que había tenido aventuras y por familiares que ahora me trataban como un recuerdo distante, pero ahí estaba Nas, recordándome que él no nos había olvidado. Ese álbum se volvió mi ancla. Al igual que la música de Andy, *Illmatic* fue mi refugio y algo que me daba esperanza. Tanto que corrí hasta el centro recreativo y entré al cuarto de zapatos y me hice el peor tatuaje de la vida por tres dólares en fichas de la prisión. Quería conmemorar el álbum y su impacto de una manera inolvidable. En lugar de usar tipografía elegante, como Old English o Garamond, me tatuaron goterones desordenados de tinta picoteándome la piel con una rudimentaria máquina para tatuajes hecha ahí mismo con un motor de grabadora, cuerda para guitarra y tinta hecha de componentes no identificados. Además del desastroso rótulo, añadí un perro mordiendo una cadena como símbolo de mí mismo liberándome. En lugar de parecer la imagen del Rottweiler arrancada de una revista, se veía más como Fozzie el Oso.

A pesar de la masacre que fue ese tatuaje, *Illmatic* me ayudó a encontrar mi autocontrol. Me recordaba que, sin importar lo caótica que se volviera la vida, sin importar cuánto trataran de despojarme, aún tenía mi mente, mi espíritu, mi esperanza. Y al igual que *Shawshank*, las palabras de Nas me recordaron que el mundo no me podía quitar eso, a menos que yo lo permitiera.

Poco más de dos décadas después, por una serie de encuentros fortuitos, conocí a Ben Horowitz. En aquel entonces, Ben se estaba preparando para una entrevista con Oprah en su empresa, A16Z. Durante su conversación, le hizo una pregunta aparentemente inocente: «¿Cómo logras que la gente se abra y llore en tus entrevistas?».

Oprah contó una anécdota y, de paso, mencionó la entrevista conmigo en *Super Soul Sunday*. Intrigado, Ben luego le habló a su esposa, Felicia, de la conversación y de mi historia. Felicia, a su vez, me contactó por redes sociales.

Nunca olvidaré esa primera llamada con ella. Me preguntó por mi libro, me contó del encuentro entre Ben y Oprah, y luego me preguntó despreocupadamente:

—¿Estás familiarizado con los escritos de mi esposo?

Reconocí que todavía no había leído su libro, *Emprender y liderar una* startup, ni sus blogs, y me puso al tanto con todo entusiasmo. Luego me preguntó—: ¿A ti qué te gusta?

—Leer y oír música —dije—. Sobre todo *hip-hop.*

—¿Cuál es tu artista favorito?

—Nas —contesté sin dudar.

—Guau, también es el favorito de Ben.

Felicia y yo colgamos después de platicar algunas trivialidades y que me extendiera una invitación:

—La próxima vez que estés en la Bahía, vamos a cenar.

Meses después, andaba por San Francisco. Le hablé a Felicia y me preguntó dónde me estaba quedando. Le dije, y contestó:

—Yo estoy al final de esa calle, en Glide Church. Sal y camina a la izquierda.

En ese momento me picó la curiosidad. «¿Quiénes son estas personas y por qué están tan interesadas en mí?». En retrospectiva, tenía sentido —se iba a publicar mi libro, estaba haciendo entrevistas—, pero en ese momento no conecté los puntos.

Conocí a Felicia en Glide, donde me presentó a Cecil Williams y Janice Mirikitani, que fundaron la iglesia. Después cada quien se fue por su lado, pero más tarde me escribió: «Si estás libre esta noche, vayamos por esa cena».

Estuve de acuerdo, y cuando iba de camino al restaurante, Felicia me escribió otra vez: «¿Sabes? Mejor vente a la casa».

Cambié la dirección en mi aplicación y el conductor comentó que íbamos a Silicon Valley.

Seré honesto… la primera vez que escuché *Silicon Valley* imaginé un valle lleno de tetas. El único *silicón* que yo conocía era el de implantes mamarios en las revistas *Playboy* que leía en prisión, antes de que las prohibieran.

Pero manejando por ahí, las calles oscuras flanqueadas por árboles daban una vibra distinta. Se despertó mi *instinto Detroit*. ¿Y si era una trampa? Ya había visto *Misery*; no estaba dispuesto a salir cojeando del bosque.

Pero una vez que llegué, mis sospechas desaparecieron. Su casa era majestuosa, pero más que eso, *tenían los pies en la tierra*. Ben seguía en el estudio cuando llegué, así que Felicia y yo empezamos a platicar. Cuando él se nos unió por fin, Felicia dijo de inmediato:

—Le encanta Nas.

Ben sonrió.

—Nas es amigo mío.

Yo me reí y luego le conté la historia detrás de mi tatuaje antes de levantarme la manga para mostrarle. Ben casi *se cae de la silla* de la risa. Mi tatuaje, desvanecido y borroso, más parecía un oso que lo que yo había querido.

—Tengo que hablarle a Nas —dijo.

Ahí mismo le marcó, y de pronto yo estaba hablando con el mismísimo Nas, contándole mi historia. Si hubiera acabado ahí, yo habría quedado satisfecho. Pero no fue así.

Meses después, Ben y Felicia me invitaron a una parrillada y mencionaron que Nas estaría ahí. Cuando llegó, intercambiamos la universal inclinación de cabeza de hombres negros: un rápido y sobrio «¿Qué hay?». Poco después, Ben me invitó a un concierto de Nas y Lauryn Hill. La noche ya era surrealista, pero en eso se acercó

Dave Chappelle y preguntó si alguien traía cigarros. Yo no tenía, pero estaba feliz de estar hablando con la leyenda en persona. Nos reímos e intercambiamos bromas sobre él tratando de encontrar un cigarro, antes de disfrutar el concierto.

Eso debió haber sido suficiente. Pero no había acabado.

Un día, Ben me habló otra vez.

—Date una vuelta… Nas va a venir.

Los tres nos pasamos seis horas juntos, platicando de todo: *hip-hop*, cultura, la vida. Parecíamos adolescentes, divertidísimos poniendo canción tras canción, diseccionando cada verso. Nas nos contó anécdotas de los álbumes y los artistas de aquellos primeros días, y Ben y yo compartimos historias de las primeras veces que escuchamos diferentes canciones. Lo que era aparente y refrescante era que Nas no solo era uno de los más grandes artistas de todos los tiempos, sino que genuinamente era uno de los más grandes fanáticos del arte en sí mismo. Nas y yo intercambiamos teléfonos antes de despedirnos, y nos mandamos mensajes periódicamente sobre libros que estábamos leyendo o pensábamos leer.

Y luego, años después, pasó esto: Sekou se había ido unos días y yo estaba sentado en mi oficina, solo, durante la pandemia, cuando Nas me escribió. Me pidió si podía escribir algo para una canción en la que estaba trabajando para su siguiente álbum. ¡No mames!, el más grande letrista me invitaba a mí a aportar mis palabras a su proyecto.

Nasir Jones, que acababa de ganar un Grammy por *King's Disease,* quería que yo participara en *King's Disease II.* Imagínate eso. Nas, el mismo artista cuya letra me acompañó en mis días más pesados, ahora me daba la oportunidad de hacer lo mismo para alguien más. Pensé en mis amigos y en otra gente cumpliendo su condena, impactados cuando escucharan mi voz salir de la bocina. Ese fue el momento en que tuve que extraer toda la fortaleza emocional que había acumulado durante los años, solo para no perder la cabeza. Cuando Nas me mandó el mensaje, le respondí con una pregunta: ¿cuándo lo necesitas? «Estoy ahora en el estudio con el productor», respondió. Tiempo después me enteré de que el productor era Hit Boy, el productor de *Sicko Mode*, de Travis Scott; *Deep Reverence*, de Big Sean, y el álbum de Nas que ganó el Grammy. Mierda, tenía que ponerme a ello ya. Joder, tenía que hacerlo increíble, y hacerlo en ese momento. Dejé mi teléfono y salté de la silla. Estaba extático y todo se sentía como un sueño en cámara lenta.

Hombre, el más grande letrista de todos los tiempos me pide que lo acompañe en una canción. Nas me dio el título y una simple indicación: solo improvisa, pero no rapees. Me reí en voz alta cuando volví a leer el mensaje. Me calmé y empecé a recitar las palabras en una nota de voz ahí mismo, en ese momento. Ni siquiera me tomé el tiempo de escribirlas. Solo articulé las siguientes palabras:

Muestra aplomo
en las calles y en las celdas,
muestra aplomo.
Guárdalo, no lo sueltes,
tenlo cerca, deja espacio para ti:
como lo hacían los ancestros,
nuestros mayores, nuestros artistas,
nuestros pioneros, nuestros soñadores, nuestros constructores.
Con cada aliento, lleva contigo sus éxitos,
su lucha, su identidad,
su espíritu de superación,
y lleva ese poder el resto de tu vida.
Recuerda la magnitud de tu buena fortuna.

Y ahora forman parte de un álbum nominado al Grammy. Participar en ese álbum fue para mí cerrar el círculo, un testamento del poder de mantener la esperanza, de mostrar aplomo en los tiempos difíciles. Es prueba de que, si te mantienes firme, cuando te niegas a romperte, la vida te puede llevar a lugares que nunca creíste posibles.

Esa lección de tener aplomo y mantenerme firme ha estado presente en muchos momentos de mi vida. Pienso en la vez que fui a nadar con esnórquel a Maui. Nunca antes había nadado en el mar, y las olas eran incesantes. Era buen nadador, y hasta tenía una alberca en mi patio trasero, pero esto era diferente. El agua salada inundó mi esnórquel y de pronto no podía respirar. No podía bajar los pies. El agua era profunda. Sentía el pánico oprimiendo mi pecho y por un segundo pensé: «Hasta aquí llegué». Pero entonces recordé algo: el pánico solamente empeora las cosas. Así que respiré y me calmé. Me quité el esnórquel, empecé a bracear y nadé de vuelta al bote. No fue heroico, no fue grandioso... solo fue aplomo.

A veces solo necesitas aguantar hasta llegar al otro lado. No es cosa de pretender que todo está bien o de obligarte a sentir que eres fuerte: se trata de encontrar la determinación para perdurar, aun cuando el peso parezca insoportable y el mundo bajo tus pies se sienta inestable.

Cuando asesinaron a Sherrod, no tuve el lujo de caerme a pedazos de inmediato. Cuando mataron a nuestro perro Indy, sentí el mismo apretón fuerte en mis emociones y mis lágrimas, tratando de no desmoronarme por el bien de mi familia. Y cuando diagnosticaron a Sekou con diabetes tipo 1, tuve que ponerles pausa al miedo, la ira y las lágrimas que se me desbordaban de los ojos para concentrarme en la tarea inmediata de estar ahí para él, de ser su padre y su boya.

En esos momentos no me estaba conteniendo solo por mí, sino por todos los que me necesitaban. No era cuestión de suprimir mis emociones o pretender que no existían. En cambio, se trataba de reconocerlas, de dejarlas en segundo plano y enfocarme en lo que se tenía que hacer en ese momento hasta encontrar un momento para dejarlo ir. Aguantar significaba volverme un suelo firme para mi familia.

Pero el aplomo no te vuelve superhumano. Es un equilibrio delicado entre fortaleza y vulnerabilidad. Consiste en entender que las lágrimas que te tragas en el momento necesitarán después un lugar dónde caer. Y cuando llega ese tiempo —en tu coche, solo en tu casa, cuando todos están a salvo o en su cama, cuando la crisis inmediata ya pasó—, te permites caerte a pedazos, sentir todos los sentimientos y empezar a sanar. Aguantar es un acto de resiliencia, pero soltarte en el momento preciso es un acto de supervivencia.

En esas ocasiones, tuve que ser la roca de mi familia y su espacio seguro. También me tuve que romper y volver a construir enfrente de ellos. Tenía que darles esperanza, así como la música de Nas me la dio a mí todos esos años atrás. Aplomo significaba mostrarle a mi hijo que, aun si la vida le acababa de lanzar una bola curva, podíamos batearla juntos. Y eso es realmente aplomo. A veces solo necesitas aguantar hasta que puedas desmoronarte por completo y a salvo, antes de volver a pegar los pedazos. Pasaron veintisiete años entre *Illmatic* y *King's Disease II*, veintisiete años entre ese momento, conmigo sentado en mi cama en una celda, y el día que le envié a Nas mi palabra hablada en una nota de voz con mi iPhone.

El aplomo no se limita a la tragedia personal; también es una herramienta crucial del liderazgo, la vida y los negocios.

El aplomo no es ignorar los retos o pretender que no existen. Es confrontar la adversidad de frente, con claridad, enfoque y mano firme. Sea en la vida o en los negocios, aplomo es el cimiento que nos permite tomar decisiones consideradas, inspirar confianza y seguir adelante, aun en los tiempos de mayor incertidumbre.

Así como dijo Andy Dufresne en *Shawshank*: la música, la esperanza y las cosas que no nos pueden quitar son lo que nos mantiene aterrizados. El *hip-hop* ha sido mi ancla, una fuente de fortaleza y aplomo cuando el mundo a mi alrededor era todo menos estable. Me enseñó a aferrarme a las cosas que son mías: mi voz, mi historia, mi esperanza.

El aplomo también se relaciona con aceptar la ambición sin complejos y permitir que tus pasiones y tus sueños te impulsen. Es reconocer el poder de la esperanza y usarlo para alimentar tu viaje, sin importar dónde estés ni qué desafíos enfrentes.

EL APLOMO ES UNA PRÁCTICA DE POR VIDA

Al final, mostrar aplomo no es una meta, sino una práctica para el resto de tu vida. Es el arte de equilibrar la ambición con paciencia, de navegar las corrientes turbulentas de la vida sin perder tu sentido del yo. Es pararte firme en tu identidad, aunque los demás intenten imponerte sus versiones de las cosas. Y es saber que, como esa música que suena de fondo en nuestra vida, hay algo en nuestro interior que nadie puede tocar. Es nuestro, y es suficiente.

Las lecciones que aprendí del *hip-hop*, de los triunfos y los fracasos, y de mi propio viaje contribuyeron a que comprendiera el aplomo. Es seguir siendo tú de verdad, no soltar la esperanza y empujar hacia adelante con una determinación inamovible sin volverte loco. Y eso, para mí, es la máxima expresión de libertad.

La vida tiene una manera de probarnos con cosas que nunca esperábamos. Ya sea el caos en un estacionamiento de Detroit, el aislamiento en una celda o la incertidumbre durante el cambio de la imagen de una marca en el mundo corporativo, todo reto nos obliga a escarbar más adentro hasta encontrar algo firme de qué asirnos. Para mí, esa estabilidad suele venir de dos lugares: la esperanza y el aplomo.

La esperanza no es un sentimiento pasajero ni un sueño lejano: es una fuerza que nos ancla cuando la marea de la vida amenaza con hundirnos. Es creer que, aun en los ratos más oscuros, la luz se deja ver entre las grietas. ¿Y el aplomo? Es la herramienta que nos ayuda a atravesar esos momentos. No es apagarte ni hacer como que todo está bien; es aguantar firme, aun si el mundo alrededor parece desplomarse pedazo a pedazo.

Las lecciones que aprendí sobre la esperanza y el aplomo no solo fueron intelectuales; se forjaron en el juego de la vida real. Desde mi tiempo en prisión, donde la esperanza era un salvavidas, hasta esos momentos en el mundo exterior, donde el aplomo me ayudó a neutralizar conflictos y liderar con claridad, esas lecciones son profundamente personales. Y sin embargo, son universales.

CAVAR MÁS HONDO

La esperanza y el aplomo representan las partes de nosotros que siguen siendo nuestras hasta en las circunstancias más difíciles; son los recursos internos que no nos pueden quitar. Así que la pregunta es: ¿cómo construyes estos recursos en tu propia vida?

Busca la esperanza en los pequeños instantes
La esperanza rara vez llega con grandes gestos; aparece en fragmentos: una palabra amable, una canción, un libro o hasta un recuerdo. Como cuando el *Illmatic* de Nas me trajo de vuelta a mí mismo en esos días de prisión, la esperanza nos recuerda lo que aún es posible. ¿Puede ser que estés pasando por alto algunos pequeños destellos de luz? ¿Cuáles son?

La esperanza requiere acción
La esperanza no es pasiva, no es quedarte sentado deseando que pase algo mejor. Tiene que ver con tomar pasos deliberados hacia lo que crees posible. Identifica una situación en la que hayas estado deseando en lugar

de actuar. ¿Qué paso, por pequeño que sea, podrías dar hoy hacia eso que parece imposible?

El aplomo es una práctica de por vida

El aplomo no es algo que llegues a dominar: es algo que practicas todos los días. ¿Qué pequeño momento de hoy podrías emplear como terreno de práctica? Quizá sea un pequeño percance en el tráfico, una demandante llamada laboral o una conversación difícil. ¿Cómo podrías encarar esta situación como una práctica deliberada, y no como algo a superar? ¿En qué consistiría permanecer firme y estable en esta instancia concreta?

LLAVES PARA CONSTRUIR ESPERANZA Y APLOMO

1. Convierte tus rituales diarios en tu ancla

- La esperanza y el aplomo prosperan en los hábitos. Crea un ritual diario —ya sea escribir un diario, meditar o escuchar música— que te ayude a permanecer arraigado a tu propósito y conectado con él.
- *Ejemplo*: Toma cinco minutos cada mañana para escribir tres cosas que esperas que sucedan o por las que te sientas agradecido.

2. Haz una pausa antes de reaccionar

- En momentos de tensión o conflicto, tómate un segundo para evaluar la situación antes de contestar. Esta sencilla pausa puede transformar tu energía y evitar que las cosas escalen.
- *Ejemplo*: Cuando alguien te provoque, respira hondo, cuenta hasta tres y pregúntate: «¿Cuál es el mejor resultado en esta situación?».

3. Da pasos pequeños y consistentes hacia tu visión

- No esperes que todo se sienta perfecto antes de seguir adelante. Separa tus metas en pequeños pasos manejables y comprométete a dar un paso cada día, sin importar cuán pequeño sea.
- *Ejemplo*: Si tu meta es escribir un libro, comprométete a escribir cien palabras al día, incluso si es difícil. El progreso acumula esperanza.

Estas lecciones y estos pasos no son solo para sobrevivir a las dificultades, sino para prosperar a partir de ellas. Al practicar la esperanza y el aplomo puedes crear un espacio para enfrentar las dificultades de la vida con valentía y claridad, convirtiendo hasta los momentos más terribles en oportunidades para el crecimiento.

CAPÍTULO 8

Amor

Amar bien es la tarea en todas las relaciones significativas, no solo en los vínculos románticos.

—BEL HOOKS

Cuando la noticia de nuestra boda llegó a la revista *People*, mi teléfono empezó a sonar sin parar. Amigos de todo el mundo llamaron, mandaron mensajes de texto y nos escribieron mensajes de amor y felicitaciones. Fue una dosis de humildad ver que nuestra historia de amor se compartiera tan públicamente, pero también me hizo reflexionar sobre el viaje que nos llevó a Liz y a mí hasta ese momento. El matrimonio va mucho más allá del día de la boda: consiste en el amor, el trabajo y la reflexión que se dan cada día a partir de entonces.

Al pensar en nuestro camino, me acordé de una parábola moderna que una vez encontré en redes sociales: la parábola de los dos espejos. No estoy seguro de quién la escribió, pero la historia va más o menos así:

Les dan dos espejos a un hombre y una mujer en su boda. Les dicen: «Estos espejos les mostrarán la clave para tener un matrimonio feliz». Ansiosos por recibir esa sabiduría, miraron en ellos… pero solo encontraron su propio reflejo mirándolos a los ojos.

Decepcionado, el esposo dijo: «Es un espejo común y corriente».

El anciano que les había regalado los espejos se rio y explicó: «Exactamente. En el matrimonio, tú te vuelves espejo de tu pareja. Lo que tú reflejes —amor, paciencia, comprensión— lo recibirás a cambio. Pero si reflejas ira, resentimiento o indiferencia, eso también volverá a ti. Un matrimonio feliz no solo se construye con amor, sino con reflejos que eliges crear todos los días».

La historia se quedó conmigo porque hay incontables canciones, escritos sagrados y perlas de sabiduría que nos recuerdan la importancia de amar a la persona del espejo. Pero el matrimonio lleva esa lección un paso más lejos: nos pide que reflexionemos en el amor aun cuando no lo sintamos, que elijamos la gracia por encima de la frustración y ofrezcamos paciencia cuando más se necesita. Cualquier matrimonio o pareja a largo plazo estará de acuerdo en que no es fácil, pero en definitiva es posible. No obstante, requiere un esfuerzo tremendo, por lo menos para mí.

Antoine de Saint-Exupéry, autor de *El principito*, una vez escribió: «El amor no consiste en mirarse a los ojos, sino en mirar juntos en la misma dirección». Eso, para mí, es de lo que se trata el matrimonio. No es solo ver con admiración los ojos de la otra persona, sino construir una visión compartida; alinear esperanzas, sueños y esfuerzos para crear algo más grande que nosotros mismos.

Cada día que paso con Liz me recuerda que el amor es una decisión activa. Es un reflejo, una dirección y, por último, un viaje que emprendemos juntos. Pero esa es solo una versión del amor.

Un amor como el que nos tenemos Liz y yo suele enmarcarse como romántico, una pasión arrolladora, un compromiso con otra persona, una fuente de alegría y, en ocasiones, un dolor de cabeza. Pero el amor es muchísimo más que eso. Es la fuente energética que nos conecta con otros, el ancla que nos sujeta a nuestras relaciones con familiares y amigos, y la fuerza que alimenta nuestras pasiones y propósitos. En su núcleo, el amor es relacional: moldea nuestra forma de interactuar con el mundo, cómo damos y cómo recibimos. Sobre todo, el amor incluye la relación que tenemos con nosotros mismos. El amor propio es el cimiento de todos los otros amores. Es lo que nos permite estar ahí de manera auténtica, construir conexiones significativas y crear una vida que refleje nuestros más profundos valores. El amor, en todas sus formas, es la fuerza más poderosa que tenemos: sana, inspira y transforma.

Por mucho que amara a Liz, yo sabía que era importante amarme a mí mismo por completo. Al igual que las demás prisiones de las que escapé, salir de la prisión de sentir que no merecía ser amado, en la que estuve casi toda mi vida, fue un viaje sagrado y especial en el que sigo hasta el día de hoy.

En diciembre de 2023, nueve meses antes de nuestra boda, me encontré en una encrucijada. Había estado atravesando un periodo de mucho dolor, luchando con mi salida de una empresa en la que había vertido mucha energía y con sentimientos de insatisfacción con la persona en la que me había convertido. Para romper ese ciclo decidí regalarme lo que imaginaba sería una semana de relajación al lado de una alberca, aunque debo reconocer que pasé por alto algunos detalles cruciales en letra chiquita cuando hice mi reservación. Mi destino: el Ranch Malibu.

El camino por la Carretera Pacific Coast fue nada menos que asombroso. Las olas chocaban contra la costa mientras nadadores y surfistas punteaban la extensión de la playa desde Santa Mónica hasta Malibú. Mi auto abrazaba el camino sinuoso, la música hacía tronar las bocinas, mientras la brisa salada fluía por mi techo corredizo. ¿El plan? Simple: poner en orden mi vida. Desde que me liberaron de prisión no había parado. Me había desgastado: trabajaba hasta tarde, apenas si comía, sacrificaba el sueño y llevaba mi cuerpo más allá de su límite. El peso iba en aumento, el agotamiento era constante, pero me seguía moviendo, seguía dándole. Como dice Mitch, el personaje que interpreta Mekhi Phifer en la película *Paid in Full*: «Me encanta el juego. Me encanta el trabajo». Y así era. Trabajar me movía, me alimentaba, me hacía sentir imparable. Pero no era solo el trabajo: eran los hábitos que había construido en el camino. La falta de autocuidado, las citas perdidas con médicos, el dolor que ignoré porque me convencí a mí mismo de que no tenía tiempo para lidiar con él. Así como las prisiones que he mencionado a lo largo de este libro, estaba atrapado en la prisión de la molienda: creer que si paraba, perdería todo lo que había construido. Pero en realidad, no era solo la rutina de moler. El que acababa molido era yo.

En palabras de Anne Lamott, «casi todo funcionará otra vez si lo desconectas unos minutos, incluyéndote a ti».

Durante los siguientes siete días, saldría a caminar, comería sano, me relajaría y dejaría esos cigarros baratos que había empezado a fumar unos catorce años antes. Lo suficientemente simple en teoría, pero pronto me di cuenta de que no se trataba de una escapada para mi bienestar… esto era de verdad. Para cuando llegué, en un día lluvioso de diciembre, ya me había fumado mi último Black & Mild en el camino, un pequeño pero simbólico paso hacia el compromiso que hice conmigo mismo.

El lugar que había elegido no era solo un retiro; se sentía como un mundo en sí mismo. Acunado en las montañas, con jardines exuberantes, un spa, piscina de agua caliente y pileta de agua fría, el escenario era sereno, casi cinematográfico. Las cabañas privadas eran discretas pero lujosas, con pisos de madera reciclada, baños de piedra caliza y camas mullidas que se sentían tan acogedoras como se veían. La intimidad de la experiencia, con solo un pequeño grupo de participantes, creaba un ambiente único para la reflexión profunda y el crecimiento personal.

Para el segundo día, la duda me embargó. ¿En serio necesitaba estar ahí? ¿Era necesario siquiera? La atracción del trabajo, mi casa y mis hábitos me roían. Me dije a mí mismo que estaba perdiendo el tiempo: tenía cosas que hacer, tratos que cerrar, gente con la cual ponerme en contacto. Bajar la velocidad se sentía antinatural, casi como un fracaso. Había pasado tanto tiempo en movimiento que la quietud me parecía una prisión. Una parte de mí quería empacar e irme de vuelta por la costa hacia mi casa, pero me recordé que la resistencia era parte del viaje hacia el amor propio. Cada vez que se asomaba la duda, era una oportunidad para ir más a fondo, enfrentar las partes de mí que no estaban listas para sanar. ¿Esa duda que sentía era una clase de resistencia, una batalla entre seguir igual y permitir que se diera la transformación? ¿Por qué me resistía a una vida y una forma de ser más suaves? Si cedía ahora, las posibilidades que esperaban justo bajo la superficie se ahogarían.

La semana fue una mezcla de agotadoras caminatas empapado bajo la lluvia, comidas sanas a base de verduras, masajes diarios y momentos de introspección en silencio. La estructura del programa me presionó como nada me había presionado desde que salí de la cárcel: física, emocional y espiritualmente. Para el último día me sentía más ligero, más despejado, más en sintonía conmigo mismo. Mi última caminata fue a lo largo de la playa; la brisa salada me llenaba los pulmones mientras reflexionaba en los siete días de nutrición que habían recibido mi cuerpo, mi mente y mi espíritu. Lo había hecho. Me había inclinado por el verdadero amor propio. Al empacar mi maleta y prepararme para decirle adiós a la gente que había conocido, se me ocurrió una idea singular: por primera vez en mi vida adulta, había tratado mi cuerpo con cariño, consideración y cuidados durante una semana completa. Había comido bien y no había metido ninguna impureza a mi cuerpo. Durante casi toda mi vida, la norma fue el dolor, la incomodidad y llevar mi cuerpo hasta el límite lidiando con el dolor, comiendo porquerías y cayendo en excesos. Tratarme con cuidado fue una experiencia nueva y desafiante. Sentí orgullo: la sensación de haberme elegido a mí por primera vez en mucho tiempo.

Pero al acercarme a la ciudad, la atracción de lo familiar tiraba con fuerza. Antes de darme cuenta, me estacioné en una gasolinera y compré una cajetilla de Black & Mild. Sentado en el auto, prendí el primero y le di una larga y profunda calada a la decepción. «¿Qué carajos me pasa? —pensé—. ¿Por qué no puedo seguir andando por un camino que asegure mi salud?». La insistente tos que ya había desarrollado por fumar regresó de inmediato. ¡Demonios! Esos siete días de trabajo que me acababa de regalar... todo se fue a la basura con una sola fumada. Me fui en picada.

Y luego lo pensé... gracia. Me debía a mí mismo un poco de gracia. Cuando se trata del verdadero amor propio, la gracia es uno de los principales ingredientes. En lugar de hundirme lo suficiente como para no poderme levantar, decidí celebrar el hecho de que, por siete días, me había amado por completo. Hice la promesa de hacerlo por partes. A lo largo del año siguiente, eso haría exactamente: un paso a la vez, un momento tras otro. Cuando me quedaba corto, no me martirizaba: simplemente lo seguía intentando. Abandoné la idea de que todo tenía que ser perfecto. La perfección, me di cuenta, había sido una barrera para liberar mi cuerpo. Lo más importante para mí fue dar pasos hacia adelante sin importar cuántas veces me tropezara en el camino. Para mí, concentrarme en el progreso y no en la perfección no solo fue una de las grandes liberaciones en el amor, sino la clave para desbloquear el resto de los dones de la vida.

Recuerdo un día que estaba hablando con una amiga sobre las relaciones, las aplicaciones de citas y todo el circo de conocer gente en línea. Nos reímos de lo absurdo que era todo: las historias de terror y los breves destellos de esperanza. Pero algo que dijo se me quedó grabado: «Solo quiero a alguien que me admire y me respete». De pronto me di cuenta de que la admiración y el respeto eran cosas que no había priorizado en mis relaciones. Me había centrado en la atracción, la química y la conexión, pero… ¿y el respeto?, ¿y la admiración? No los había puesto hasta el frente, no porque no los valorara, sino porque no había entendido en realidad qué tanto importan.

Ese momento me obligó a reflexionar, a alejarme de las citas, de los encuentros casuales, y preguntarme: «¿Cómo se ve el amor cuando yo me amo de verdad?». Fue en ese espacio de autorreflexión donde empecé a entender lo que buscaba en una pareja. No solo quería una conexión romántica; buscaba algo más profundo, alguien que me viera, que me admirara y me respetara por quien yo era, y yo tendría que ofrecer lo mismo a cambio.

Empecé a entender que el amor es presencia en todos los pequeños momentos, sobre todo con mi hijo, Sekou.

Una historia que destaca vívidamente en mi memoria es de 2016, durante las finales de la NBA. Ben me llamó porque tenía boletos a ras de duela para el juego 7, los Cleveland Cavaliers contra los Golden State Warriors. LeBron James estaba a punto de hacer historia y yo tenía la oportunidad de ser testigo. Era la clase de oportunidad que no rechazas. Pero había un problema: era Día del Padre.

Le había prometido a Sekou que pasaría el día en casa con él. Solo tenía cuatro años y medio en aquel entonces, y ni se habría dado cuenta de si era domingo o lunes. Pero en mi mente, romper mi promesa se sentía como una traición. Le di vueltas a la decisión: dividido entre una experiencia única en la vida y el compromiso que había hecho con mi hijo. Estaba en Los Ángeles, y a solo cuarenta y cinco minutos de vuelo y un viaje en Lyft del estadio.

Al final, decidí volar a casa. Pasamos el día riendo, jugando y creando nuestros propios recuerdos. Cuando por fin salió al aire el juego 7, lo vi en un bar por la casa con unos amigos. Nos la pasamos de maravilla, pero en parte se me revolvía el estómago de haberme perdido la oportunidad de ver a Lebron, Kyrie, Steph y Draymond en persona al mismo tiempo.

El partido mismo fue legendario. Los Cavaliers, abajo 3-1 en la serie, dieron batalla para forzar este decisivo séptimo juego. Ningún equipo en la historia de las finales de la NBA había logrado salir de un déficit así para ganar el campeonato, pero LeBron James estaba decidido a reescribir esa historia. Desde el bar, vi el drama desarrollarse mientras Sekou estaba dormido en la casa.

El bloqueo de LeBron persiguiendo a Andre Iguodala, el triple cerradísimo de Ktyrie Irving y la emocionante victoria 93-89 de los Cavaliers se convirtieron en anécdotas que podría contarle a Sekou una y otra vez a lo largo del tiempo, recordándole cuánto sacrifiqué por él, como cualquier buen papá haría. El triple doble de LeBron —27 puntos, 11 rebotes y 11 asistencias— cimentó su estatus de jugador más valioso en las finales y su legado. Pero para mí, la verdadera historia no concluía con el juego. Era la decisión que tomé ese día de priorizar mi paternidad por encima de mi afición.

La ambivalencia me jalaba: no solo en el momento, sino mucho después. ¿Lo correcto era ir al juego o estar con Sekou? Me dije a mí mismo que estar ahí, hacerme presente, era lo que más importaba. Pero ¿para quién? ¿Para él? ¿Para mí? La culpa de elegir uno por encima del otro estaba en conflicto con mi sentido del deber. Había pasado años como padre, tomando decisiones basadas en *buenos valores*: responsabilidad, sacrificio, compromiso. ¿Pero qué pasa cuando esos valores entran en conflicto con la *alegría*, la *autenticidad* o hasta el *autocuidado*?

Esto también era una prisión; una bienintencionada. Es una de las prisiones ocultas que todos enfrentamos como padres, parejas, líderes, y en nuestra lucha por amarnos a nosotros mismos. El peso de la expectativa, de siempre hacer lo correcto, puede evitar que nos involucremos en lo que nos hace sentir vivos, nos llena de alegría o nos permite cuidarnos. Nos decimos que es noble, que es lo que se necesita hacer, pero en ocasiones es solo otra manera de atraparnos a nosotros mismos: confundir la obligación con amor y el deber con propósito.

Sekou probablemente no se acordará de ningún detalle de ese día, y yo siempre pensaré en ese juego preguntándome cómo habría sido la experiencia en persona. LeBron hizo historia esa noche, pero para mí fue un recordatorio de que las lecciones y las decisiones más importantes se toman afuera de la cancha. Y casi todo el tiempo vienen de la gente que amamos.

En retrospectiva, me doy cuenta de que la decisión vino de un lugar de culpa y miedo, y no de un lugar de amor. Me daba miedo que, si no cumplía mi palabra, estaría fallando como padre. Lo cierto es que el amor no consiste en tomar decisiones perfectas, sino en estar presente y demostrarlo, aun con todas tus imperfecciones. A Sekou no le hubiera importado si me quedaba un día extra, pero puse una presión tremenda en mí para ser el papá «perfecto» en ese momento, tratando de cumplir con un ideal que realmente no le importaba. Es una lección que tenía que aprender: amar no significa que aciertes todo el tiempo. Significa que estás ahí, cualquiera que sea la forma que eso adopte, y saber que, en ocasiones, amar significa librarte de culpas.

El amor es complejo y siempre cambiante. No es algo que puedas «entender» una vez y tener todas las respuestas; es un viaje continuo. Ya sea con tu pareja, tus hijos o incluso en tu trabajo, el amor demanda paciencia, presencia y la gracia de fallar sin temer. La verdadera fuerza en cualquier relación —personal o profesional— proviene de crear un espacio seguro donde el crecimiento, los errores y el aprendizaje no solo estén permitidos, sino que sean aceptados. El amor no es cuestión de perfección; es estar ahí, presente y comprometido con el proceso.

Mi madre solía decir: «¡Cierra la puerta! ¡No estoy tratando de calentar al barrio entero!», cuando dejábamos la puerta abierta en los inviernos de Detroit. De niño, no entendía que mi madre básicamente estaba diciendo que tenías que dejar algo adentro para ti. Pero ahora lo veo como una metáfora de actuar deliberadamente cuando se trate del amor y la energía que compartimos, no solo con los demás, sino con nosotros mismos. Si dejamos las puertas de nuestro corazón y espíritu abiertas de par en par, sin límites, nos arriesgamos a perder nuestro calor. El amor requiere que conservemos un poco de ese calor para nosotros, para que podamos estar bien ahí para otros. Como dice el dicho, no puedes dar lo que no tienes. Para amar verdaderamente a otros, te tienes que amar a ti mismo lo suficiente para proteger tu energía, para reabastecer tu alma.

Esta lección no solo se aplica en relaciones personales: es lo mismo en los negocios. Cuando tu presencia trae consigo amor —amor hacia tu propósito, amor hacia la gente con la que trabajas y amor por el trabajo en sí—, todo cambia. Tus colegas, tus clientes, tu equipo, todos sienten esa energía. Seguro te toparás con uno que otro cascarrabias y amargoso en el camino, gente que maneja empresas basándose solo en el talento, sin amor, pero al final, los mejores líderes son los que construyen algo duradero, los que guían con amor o, por lo menos, los que no se interponen en el camino de los que sí lo hacen.

Guiar con amor en el entorno laboral, familiar y en la vida misma no significa ser blando. El amor tiene el poder de transformar cada aspecto de nuestra vida, incluyendo nuestra forma de trabajar. Puedes amar tu trabajo, apasionarte con tu misión y hasta tenerles un gran cariño a las personas con quienes colaboras. Ese amor te puede inspirar para liderar con empatía, construir confianza y crear un ambiente donde otros se sientan vistos y valorados. Pero no confundamos el amor por el trabajo con el amor que compartimos con nuestra familia, amigos y hasta con nosotros mismos. El trabajo, por más importante que sea para nosotros, sigue siendo trabajo. Requiere límites para asegurar que siga siendo una parte de nuestra vida, no toda la vida.

Muchas veces vemos gente que invierte tanta energía emocional en su trabajo que pierde de vista la distinción entre el compromiso profesional y la conexión personal. Los fans se enojan cuando los atletas cambian de equipo y los empleados se sienten traicionados cuando un colega se va con la competencia. Pero lo cierto es que amar el trabajo no quiere decir quedarte en un mismo lugar para siempre.

En ocasiones, para que una profesión o una carrera prosperen, necesitan un nuevo ambiente. Amar lo que haces no significa sacrificar tu crecimiento ni tu felicidad: significa tener la sabiduría de tomar decisiones que se alineen con tu propósito. Sin embargo, esa sabiduría no se consigue sin dolor. Cuando llegó el momento de que dejara Navan, sabía que iba a extrañar a la gente con la que había trabajado. Habíamos construido algo especial, teníamos una relación personal. También iba a extrañar ir a la oficina, reunirme con nuevos clientes y ver la innovación en tiempo real. Sin embargo, fue la decisión correcta para mí, y sobre todo, fue la decisión correcta para la empresa.

Como líder, el amor es una de las herramientas más poderosas que puedes llevar a la mesa. Cuando llegas con amor, guías compasivamente, construyes relaciones más fuertes e inspiras a otros a hacer su mejor trabajo. Pero el amor en el liderazgo también implica saber cuándo dar un paso para atrás, cuándo establecer límites sanos y cuándo tomar decisiones difíciles por el bien mayor. Los límites son esenciales, no solo para proteger tu bienestar, sino para conservar la integridad de tu trabajo y de tus relaciones.

El amor en la oficina no tiene que ver con difuminar los márgenes; se trata de estar ahí con autenticidad, llevando a la mesa todo tu ser y reconociendo que el trabajo, si bien es significativo, no forma todo lo que eres. Se trata de crear una cultura de confianza y colaboración mientras mantienes el equilibrio que te permite nutrir otras partes de tu vida. Cuando lideras con amor y conservas tus límites, no solo elevas el trabajo mismo: creas un espacio donde todos los involucrados puedan crecer y prosperar, incluyéndote a ti.

Significa ser lo suficientemente fuerte para que tu presencia sea auténtica, para generar espacios donde la gente prospere y tomar decisiones desde un lugar de respeto y admiración. Significa saber que el amor es la base de todo lo demás, ya sea que estés en una llamada de Zoom con tu futura esposa, cumpliéndole una promesa a tu hijo o sentado a nivel de cancha en el juego de la vida.

Al reflexionar sobre estas verdades, empecé a ver surgir patrones: lecciones cruciales que no solo moldearon mi relación con Liz, sino que redefinieron cómo abordaba el amor en todas sus formas. Tales lecciones no quedan confinadas a los vínculos románticos; se aplican a las amistades, la familia y la relación que tenemos con nosotros mismos. A continuación presento las cinco lecciones que aprendí, junto con pasos prácticos que podemos dar para ayudarnos a profundizar en nuestra capacidad de dar y recibir amor.

CAVAR MÁS HONDO

Para mí, el viaje para entender el amor empezó al darme cuenta de que no estaba priorizándome. Después de una serie de relaciones malogradas, tenía que reflexionar seriamente en lo que significaba el amor: en lo que significaba amarme lo suficiente para abrirme plenamente a alguien más. Y ese viaje tomó tiempo; tenía que confrontar los vacíos de mi propio corazón.

1. El amor es un reflejo

En las relaciones, lo que proyectes —sea amor, paciencia, comprensión o resentimiento— será muchas veces lo que veas reflejado. Si quieres amabilidad y amor, refleja esas cualidades en ti. Las relaciones sanas son un espejo de nuestras mejores intenciones.

2. El amor es una visión compartida

El verdadero amor no consiste únicamente en la conexión emocional, sino en alinear tus metas, valores y esfuerzos para crear algo más grande que ustedes dos. Las parejas prosperan cuando miran el mundo juntos y trabajan hacia un propósito común.

3. El amor propio es fundamental
El amor propio es la piedra angular de todas las formas de amor. Sin él no podemos ser partícipes realmente de las relaciones, luchar por nuestras pasiones ni mantener relaciones significativas. Amarte primero deja espacio para amar a otros con autenticidad.

 LLAVES PARA LIDERAR CON AMOR

1. Ejercicio diario de reflexión
Toma cinco minutos cada noche para reflexionar sobre tus interacciones a lo largo del día. Pregúntate:

- ¿Qué tipo de energía les imprimí hoy a mis relaciones?
- ¿Reflejé el amor, la paciencia y la comprensión que espero recibir?

Si la respuesta es no, visualiza qué ajustes harás mañana. Con el tiempo, esta práctica creará conciencia en tus relaciones y te ayudará a cultivar intencionalidad.

2. Crea una visión compartida y repásala
Agenda una «plática de visión» con tu pareja o tu ser amado. Pasen tiempo comentando sus metas, valores

y sueños. Escríbanlos y revísenlos con regularidad. Por ejemplo:

- Planeen un repaso mensual para evaluar cómo están trabajando hacia sus metas compartidas.
- Celebren juntos los logros, sin importar lo pequeños que sean.

Este ejercicio los mantendrá a ambos alineados y fortalecerá el vínculo a través de la colaboración.

3. Practica el amor propio de manera constante

Dedica tiempo a nutrirte mental, emocional y físicamente. Algunos ejemplos son:

- *Afirmaciones matutinas.* Empieza el día diciendo tres cosas que ames de ti mismo.
- *Rutina de autocuidado.* Elige una actividad que te nutra a la semana, como yoga, una caminata larga o leer un libro.
- *Perdónate.* Cuando no des el ancho, reemplaza la autocrítica con compasión. Acuérdate de que la meta es el progreso, no la perfección.

Construir el amor propio te ayuda a mostrar tu mejor yo en cada relación.

4. Celebra el progreso por encima de la perfección

Lleva un diario o un cuaderno para registrar los momentos en que sí progresas en el amor, ya sea resolver un conflicto con calma, establecer límites o mostrar paciencia adicional. Celebra esos momentos con un acto tangible:

- Regálate algo pequeño pero significativo, como tu café favorito o un poco de tiempo para relajarte.
- Cuéntale tus victorias a alguien de tu confianza, reconociendo el esfuerzo que se necesita para crecer en el amor.

Al cambiar tu atención hacia el progreso, creas una mentalidad que promueve la persistencia y la resiliencia.

Estas no son solo lecciones; son llaves para desbloquear las partes más profundas de ti: tu capacidad de amar, de reflexionar, de crecer y de estar verdaderamente presente en tus relaciones, en la crianza de tus hijos y en el trabajo. Te guían hacia el autodescubrimiento, enseñándote que el amor no es solo algo que das, sino algo que cultivas en tu interior, moldeando cada conexión de tu vida romántica y profesional.

CAPÍTULO 9

Alegría

Date permiso de sentirte silenciosamente atraído por el extraño magnetismo de lo que amas. No te llevará por mal camino.

—Rumi

La alegría es una fuerza poderosa; puede penetrar hasta las circunstancias más oscuras, ofreciendo su luz en lugares donde parece imposible encontrar alguna. Viktor Frankl escribió sobre esto en su libro *El hombre en busca de sentido*, y describió cómo, aun en el sufrimiento inimaginable de los campos de concentración nazis, se podía hallar alegría en los momentos más pequeños: un amanecer, una broma compartida o el recuerdo de un ser querido. Para Frankl, la alegría no era negar el dolor, sino encontrar algo en su interior para seguir andando.

He experimentado esa verdad de primera mano. Un día, meses antes de empezar a trabajar en el centro recreativo de la prisión, encontré la cartera de Tom en el piso, afuera de la oficina. Estaba retacada de billetes; tenía su licencia de conducir y todo lo que necesitaba para hacer su trabajo en un ambiente donde quizá lo suspendieran por perder su identificación, cosa que incluso podría provocar un cierre de emergencia en la cárcel. Sin dudar, me fui hacia Tom y se la entregué. Le brilló la cara de agradecimiento y me dijo *gracias* varias veces, pero en ese entonces no pensé mucho en ello. Yo no era un ladrón, y devolverla simplemente era lo correcto.

Lo que no vi hasta después fue cuánta alegría llevaba Tom a ese ambiente. No era solo el supervisor del centro: era un salvavidas. Saludaba a todos con una sonrisa, hacía chistes que les subían el ánimo hasta a los más deprimidos y se aseguraba de que tuviéramos todo lo que necesitábamos para mantener andando los programas deportivos. Se paraba de cabeza para crear momentos de ligereza y bondad en un lugar donde ambas cosas eran muy escasas.

Nunca olvidaré la primera Navidad que trabajé para él. Trajo pizza y galletas hechas en casa, un sencillo gesto que se sintió inmenso en un ambiente así. Incluso me dio una tarjeta para firmársela a mi hijo mayor, Jay, y luego le metió un poco de dinero antes de enviarla. Tom creía que la alegría no era solo un lujo, sino una necesidad. Hasta años después no me di cuenta de la profundidad de su lección. La alegría no es algo por lo que esperas: es algo que eliges compartir, incluso en las circunstancias más difíciles.

Como el amanecer de Frankl, o cuando Joseph Campbell dijo: «Encuentra un lugar en tu interior donde haya alegría, y la alegría acabará con el dolor».

Este llamado para mirar hacia el interior y la bondad de Tom me recordaron que, incluso en los lugares más sombríos, la alegría era capaz de consumir el dolor.

Durante muchos años estuve encerrado en una guerra entre experimentar por completo la alegría y moderar mis emociones frente al trasfondo de mi pasado. Al salir de prisión cargué una tensión constante, un estira y afloja entre la gratitud por la vida que ahora tenía y la culpa que vino con haber sobrevivido cuando muchos no lo hicieron. Esta tensión no era solo mental: me atravesaba en lo emocional, lo espiritual y lo físico. Es un peso que muchos sobrevivientes de trauma, violencia y encarcelamiento conocen muy bien.

Una de las realidades más difíciles de sobrevivir al trauma es la culpa que le sigue. No es la clase de culpa que desaparece con el tiempo. Es más profunda, más insidiosa. Es a lo que el doctor William G. Niederland famosamente denominó culpa del sobreviviente en su trabajo con sobrevivientes del Holocausto: un sentimiento de supervivencia inmerecida, como si el hecho de estar vivo y libre significara que les debías algo a quienes no tenían esa fortuna.

Por años cargué ese peso como un leñador carga troncos, arrastrándolo conmigo en los momentos de triunfo, en cada celebración. Era pesado estar obstaculizándome a mí mismo, perseguido por las sombras de aquellos que había dejado atrás. Me tomó tiempo darme cuenta de que la única forma de gozar plenamente la alegría era aceptar que la merecía, que tenía derecho a mi propia felicidad y a mi propio éxito. Esto se volvió evidente después de que mi libro *Writing My Wrongs* se volviera un *bestseller.* Me invitaron a toda clase de experiencias, desde fiestas de los Oscar y los Grammy hasta cenas en mi honor retacadas de celebridades. Pero incluso entonces había una insistencia constante en mi interior que no siempre me permitió participar de la alegría de esa experiencia.

En agosto de 2023, Liz y yo recibimos una invitación para hacer un viaje único en la vida a Italia. La llamada fue muy sencilla: «Lleguen a Roma y nosotros nos encargamos del resto». En las semanas previas al viaje capté detalles de lo que nos esperaba: alojamiento de lujo, un megayate, un chef cinco estrellas y paradas en la Costa de Amalfi y Pompeya. Sonaba como un sueño y un viaje inolvidable. Sin embargo, por emocionado que estuviera, algo en mi interior me impedía aceptarlo. Me sentía desorientado, incapaz de plantar los dos pies firmes en ese momento.

¿Por qué no podía simplemente disfrutar el viaje? La respuesta, me di cuenta, recaía en la culpa del sobreviviente que había cargado desde hacía tanto. Sobreviví al trauma de mi infancia, a la violencia armada y a la cárcel. Estaba afuera, pero muchos otros no. Cada vez que experimentaba algo bueno —algo alegre—, sentía que estaba traicionando a quienes seguían sufriendo. Me tuve que recordar a mí mismo que la alegría no era algo que necesitara justificación. Y es algo que los sobrevivientes muchas veces no ven. Solemos creer que el dolor, la culpa y la vergüenza no acaban, y que el amor, la alegría y el éxito no son para nosotros.

Esta creencia surge del ego y de una mentalidad de carencia. El ego nos dice que nos definen nuestros errores, nuestros fracasos y los peores momentos de nuestra vida. Se aferra a estas ideas, como si dejarlas ir nos vaciara de identidad. Mientras tanto, una mentalidad de carencia susurra que no hay suficiente amor ni suficiente alegría para todos: si tomas un poco, se la estás negando a alguien más. Otros merecen más y tú no. Juntos, el ego y la carencia refuerzan los muros de nuestras prisiones internas, convenciéndonos de que la salud y la abundancia están fuera de nuestro alcance. No obstante, lo cierto es que la abundancia fluye cuando soltamos la necesidad de aferrarnos a lo que ya no nos sirve y nos permitimos aceptar las posibilidades que se encuentran más allá del dolor.

Medité para liberarme de esa insistente sensación y poder dedicarme al viaje. ¡Y vaya viaje! Cada momento, cada conversación, cada comida, cada día, hubo magia, amor, descubrimientos y más alegría de la que yo hubiera imaginado posible. Elegí la alegría y la alegría me eligió a mí. Montamos *jet skis*, nos relajamos en el *jacuzzi* que había en la parte posterior del yate, rebotamos de isla en isla, fuimos de compras a Capri y hasta vimos la erupción de un volcán. Si hubiera dejado que esa voz del pasado se apropiara de todo, me hubiera perdido la oportunidad de experimentar el más alto nivel de alegría posible.

El poder del ahora, de Eckhart Tolle, se volvió la inspiración de un mantra que usé para impulsar este cambio: «Tienes el poder de decidir cuál es tu experiencia en este momento. Tienes el poder de aceptar este magnífico regalo. ¡Y tienes el poder de disfrutar al máximo sin sentirte culpable!».

Es cuestión de vivir plenamente en los momentos «aquí y ahora». Cuando acepté eso, todo empezó a cambiar. Entendí que la alegría no borraba mi pasado, pero sí me permitía vivir más allá de él. Experimentar alegría implicaba que pudiera finalmente vivir la vida que había visualizado para mí y para mi familia, libre de las cadenas de mi historia.

Tengo que reconocer que todavía me cuesta trabajo aprender a aceptar la alegría, ya sea en los momentos grandiosos y de ensueño, o en las ranuras, en lo cotidiano. Pero ahora considero que regar mis plantas viendo a mi esposa y a mi hijo iluminarse de la emoción me da alegría. Me doy cuenta de que la alegría es una práctica, algo que cuidas, como un jardín.

Un día, mientras buscaba una receta en Instagram, me topé con un video viral de un maestro y sus estudiantes haciendo la coreografía de «Thriller» en perfecta sincronía. Había algo tan puro en ello: la alegría en sus rostros, la forma como se movían juntos, libres y desinhibidos. Yo ansiaba experimentar esa clase de alegría sin freno. La libertad de solo ser. Observar una alegría así siempre me conmueve. Me recuerda cuánto me negué a mí mismo esas emociones, cuánto me distancié de experimentarlo en su totalidad.

Crecer en un ambiente rudo, donde la masculinidad se equiparaba con el estoicismo y la rudeza, creó barreras que ni cuenta me di de que estaban ahí. Me enseñaron a no sentir, a no llorar, a no hacer gestos… y no por una filosofía, sino por supervivencia. En un mundo modelado a partir del trauma, la violencia armada y el trastorno de estrés postraumático, las emociones eran una desventaja, y la vulnerabilidad podía hacer que salieras lastimado. Era una forma extrema de estoicismo, no la clase que predicaban en las salas de juntas o en los libros de autoayuda, sino la clase que te mantenía vivo. No estábamos dominando nuestras emociones para crear resiliencia en los negocios; lo hacíamos para evitar volvernos un blanco. Las normas sociales me dijeron que la vulnerabilidad era sinónimo de debilidad, que mostrar alegría o suavidad me volvía menos hombre. Esas reglas implícitas me condicionaron a suprimir emociones, a ver la felicidad como algo pasajero o inmerecido. Con el tiempo, construí alrededor de mi corazón paredes tan altas que ni siquiera cuando la alegría tocaba la puerta podía dejarla entrar. Pero momentos como los que se veían en el video, cuando la alegría es innegable, me recuerdan que al derribar esas barreras comienza nuestra verdadera libertad.

Poco después de salir de prisión me invitaron a Big Bear Lake, California, para hablar en un evento llamado Unique Camp, organizado por una mujer, Sonja, que en la actualidad es una querida amiga. Mis dos hermanas menores, Nakia y Shamica, junto con mi amigo Calvin, volaron de Detroit a Los Ángeles para acompañarme. Al día siguiente nos metimos a un autobús con un animado grupo de campistas y nos abrimos camino por las montañas hacia Big Bear Lake.

Lo que vi en los siguientes días estaba muy alejado de las calles donde había crecido y la prisión que había dejado atrás. La gente bailaba como si nadie la estuviera viendo, se reía libremente e irradiaba una paz desenfadada. Sonreía como si no la aplastara el peso del mundo. Hasta mis hermanas, que no eran precisamente conocidas por salir de su zona de confort, recibieron elogios por sumergirse en las actividades, hacer nuevos amigos y bailar encima de las mesas como si hubieran nacido para ello. Verlas fundirse en el momento fue hermoso, pero también me removió algo adentro. Me di cuenta de cuánto deseaba esa misma alegría para mí, pero nunca me lo había permitido. Me había acostumbrado tanto a negarme felicidad que incluso presenciar la felicidad de otros se sentía como algo ajeno a mí.

Con el tiempo empecé a acercarme. Una noche subí una colina y me maravillé con las estrellas, asombrado de lo cercana que parecía la luna en esas montañas. La última mañana hasta accedí a unirme al grupo del clavado del oso polar. Al prepararme para salir de mi cabaña, desnudo a excepción de una toalla, mi compañero de cuarto me paró en seco, carcajeándose sin control. Claramente no había entendido el concepto del clavado y pensé que se referían a hacerlo desnudos. Avergonzado pero divertido, corrí por un traje de baño antes de unirme a todos en la alberca. El clavado fue helado, pero me dejó revigorizado, vivo y, sobre todo, riéndome con un grupo de gente que me aceptaba como uno de los suyos.

Ese fin de semana en Big Bear no fue solo un viaje: fue un parteaguas. Fue la primera vez que me permití sentir de nuevo la plenitud de la vida: dejar que la alegría, la risa y la conexión atravesaran los muros que había construido. Me recordó que las barreras que consideraba una protección, en realidad me mantenían alejado de las cosas que más necesitaba. La alegría, como aprendí ese fin de semana, no es algo por lo que esperas: es algo en lo que te adentras, aun si al principio se siente extraño.

También empecé a entender algo importante: muchas veces evitaba la alegría por miedo. Tenía miedo de que, si me permitía sentirla, me la quitarían. Pero lo cierto es que, al evitar la alegría, me perdía conexiones mucho más profundas: amor profundo, la libertad de bailar y la capacidad de simplemente ser yo mismo en mis relaciones. Tenía que bajar la guardia, aprender a ser vulnerable en las conversaciones y los momentos de pura celebración, sin encogerme de vergüenza o de culpa.

Hoy en día, me encuentras paseando por librerías de viejo, buscando primeras ediciones de algunos tesoros o quitando cerrojos a las cajas olvidadas de las pequeñas alegrías de la vida, como manejar con la música a todo volumen y diciendo que sí a más aventuras. Estoy liberándome de esos estancamientos en la rutina diaria; me dejo llevar más por la alegría sencilla y sin filtros de los niños, y estoy reintroduciendo el juego en mi vida, no como algo agendado o estructurado, sino como una forma orgánica de redescubrir la felicidad. El juego no es otra tarea en tu lista de pendientes: es un estado del ser.

No me llamaría a mí mismo un entusiasta todavía, pero ya estoy más cerca. Sean récords de *spinning*, caminar con mi familia o entrenar con mi hijo, encuentro más formas de aceptar la alegría. No se trata de perfección, sino de presencia. Y con cada pequeño momento, aprendo a saborear la vida un poco más.

Sanar, he aprendido, no es un evento único. No es un momento de claridad que de pronto lo arregla todo. Tuve el alma apaleada por décadas, y sanar esas heridas no fue algo que se diera con unas cuantas sesiones de terapia ni por leer un libro de autoayuda. Tomó años de hurgar en lo profundo y cavar con las manos hasta salir de vuelta a la superficie. Mi espíritu quedó deshecho por un hogar roto, la inmundicia de las calles y el encarcelamiento. Mi cuerpo quedó despedazado por balas, golpizas y barrotes. Mi corazón quedó destrozado por la pérdida de mi hermano y nuestro cachorro. Y he tenido que trabajar para coserme esos pedazos una y otra vez. Encontrar o reclamar mi alegría fue crucial para dar esas puntadas.

Hay días que aún siento el peso del trauma tratando de introducirse en mi vida actual. Casi todos los días encuentro alegría en las cosas que amo de verdad, como la buena música, pasar tiempo con mi familia o un gran libro. Pero hay otros en que el pasado viene y me saluda, recordándome dónde he estado.

Vivir con alegría ha requerido que esté presente de la forma más completa posible, que reconozca que merezco todo lo bueno que la vida me ofrece. Hoy encuentro la alegría con mayor facilidad porque la busco en lo cotidiano. Pero no solo soy yo; la gente en general busca alegría y sentido. A veces implica alejarte de un ciclo brutal de noticias, desprenderte de estar navegando sin parar por redes o solo disfrutar la vida. Entre más busco la alegría, más cosas descubro en el camino.

CAVAR MÁS HONDO

Durante gran parte de mi vida, la alegría parecía una sensación fugaz, vinculada con momentos de éxito, de gratificación inmediata o con los subidones temporales de un logro. Pero al ir más adentro en mi viaje personal, me di cuenta de que la verdadera alegría requería que fuera mucho más allá de la superficie. No se trataba solo de qué se sintiera bien en el momento, sino de cómo mis decisiones resonaban holísticamente con mis valores, mi visión a largo plazo y la vida que quería construir.

Como escritor y orador, sabía que mi trabajo afectaría a otros. Comprendí que mis palabras y mis historias podían inspirar cambio, provocar conversaciones y ayudar a la gente a transformar su vida. Pero también sabía que la pasión por sí sola no sería un sustento económico para mí ni para mi familia. Si bien ser mentor y defensor de otros supuso para mí una inmensa realización, también trajo consigo momentos de pesadez, donde la cuota emocional era casi insoportable. Tuve que encontrar la manera de sobrellevar esa dinámica; cómo volver sustentable mi trabajo sin que me agotara.

A través de ese proceso comprendí que la alegría es más que solo momentos efímeros de diversión; es el resultado de alinear la pasión con el propósito. Es lo que ahora llamo pasar de la diversión a la realización.

Es encontrar alegría en mi propósito y permitir que esa alegría me sostenga, aun si la vida se siente pesada.

Pero esto no es solo sobre mí. La pregunta es: ¿dónde encuentras *tú* alegría? Tal vez ya te acercas a ella o quizá aún buscas esa conexión. Sea como sea, vale la pena preguntarte a ti mismo:

- ¿Tu trabajo te provoca alegría?
- ¿Te apasiona?
- ¿Se alinea con tus valores y tu visión a largo plazo?
- ¿Puedes mantenerte a ti mismo y la vida que quieres mientras haces ese trabajo?

Si las respuestas no son claras, está bien. Lo que importa es tomarte el tiempo de reflexionar y permitirte descubrir la alegría: no solo de la pasajera, sino de la que llena tu vida de propósito y significado.

LLAVES PARA CULTIVAR LA ALEGRÍA

1. Descubre tu *ikigai*

El *ikigai*, un concepto originado en Okinawa, Japón, se traduce más o menos como «una razón para ser». Data del periodo Heian (784-1185) y ha sido un principio rector de la cultura japonesa por siglos. La idea del *ikigai* motiva a los individuos a encontrar la intersección entre cuatro elementos. Cuando se alinean, descubres tu *ikigai*, una vida de propósito y plenitud:

1. Lo que amas (tu pasión).
2. Aquello para lo que eres bueno (tus habilidades).
3. Lo que el mundo necesita (tu misión).
4. Por lo que te pueden pagar (tu profesión).

Anota tus respuestas a estos cuatro puntos, estúdialas y piensa cómo se alinean con tu vida actual. Piensa en cambios que pudieras hacer para encontrar en tu vida más propósito y una mayor realización.

2. Conviértete en cazador de alegrías

Busca activamente la alegría en tu vida, no como una consecuencia pasiva, sino como algo que cultives deliberadamente. Aquí tienes algunos pasos para guiarte:

1. *Recuerda la última vez que te dejaste llevar por un momento de alegría*. ¿Cuándo fue la última vez que sentiste una alegría pura? ¿Qué estabas haciendo, y con quién estabas? Úsalo como punto de partida para crear más experiencias así.
2. *Vuelve la alegría parte de tu presupuesto*. Sea económica, emocional o de tiempo, haz una inversión en la alegría como si fuera cualquier otra necesidad. Regálate un pasatiempo, planea un viaje o aparta tiempo para algo que te encante.

3. *Reconecta con la alegría de la infancia.* ¿Qué te gustaba hacer de niño? Compra un libro para colorear, haz un rompecabezas, juega un juego o sal a explorar. Date permiso de jugar y ser curioso.
4. *Encuentra a otros cazadores de alegrías.* Rodéate de gente que valore la alegría y te anime a perseguirla. Ya sea a través de un grupo de senderismo, una clase creativa o una reunión semanal, la alegría se amplifica cuando se comparte.
5. *Haz algo nuevo o inesperado.* Motívate a salir de tu rutina. Prueba una nueva receta, toma una clase de alfarería o pasa una tarde explorando tu zona con ojos nuevos.
6. *Pasa tiempo en la naturaleza.* Haz senderismo, ve a caminar o siéntate afuera e imprégnate de la belleza a tu alrededor.

Elegir la alegría no es solo cuestión de sentirte bien: es vivir plenamente. Es alinear tus pasiones y tu propósito, impulsando conexiones profundas, y crear una vida que se sienta vibrante y significativa. Cuando aceptas la alegría, no solo vives: prosperas.

Así que pregúntate: ¿qué hay para mí si elijo la alegría? La respuesta es simple: todo. La alegría te alimenta, te conecta y hace que valga la pena vivir. Y cuando empiezas a buscarla deliberadamente, descubres que el viaje de un cazador de alegría es tan satisfactorio como la alegría misma.

CAPÍTULO 10

Éxito

Le atribuyo mi éxito a esto: nunca di ni acepté ninguna excusa.

—FLORENCE NIGHTINGALE

Muchas veces observamos la vida de la gente que creemos que «lo logró», sin darnos cuenta de que lo que estamos viendo es el producto terminado. La historia de éxito pulida muchas veces oculta las incontables horas de esfuerzo, sacrificio y aprendizaje requeridas para llegar ahí. Lo que he comprendido a través de la observación y de conversaciones con gente que ha sido exitosa en los negocios, los deportes, el matrimonio y la vida es esto: el éxito siempre es un proceso.

Para algunos, implicaba quedarse tarde en la oficina o en el gimnasio, despertar una hora más temprano, leer ese libro extra, buscar un mentor o un entrenador, y superar constantemente lo que se requería o se esperaba. Cuando conecto los puntos en esas conversaciones y analizo los resultados, las palabras de mi amigo Ben resuenan en lo profundo: «El éxito es tomar una decisión inteligente tras otra, y casi todas esas decisiones dependen de la mentalidad con la que te sientes a la mesa».

Pero Ben también me recordó una verdad igualmente importante: el fracaso funciona de la misma manera. Suele ser el resultado de una mala decisión tras otra. Él me hizo preguntas que me obligaron a reflexionar en mis propios fracasos:

¿Pasaste por alto algo que debiste haber notado?
¿Ignoraste detalles relevantes que pudieron haber alterado el resultado?
¿No te importó lo suficiente para llevarlo a cabo?

Me di cuenta de que ese fracaso no es un único evento catastrófico. En su mayor parte, es resultado de pequeños errores que se acumulan con el tiempo. Pero esos errores, aunque dolorosos, también son los grandes maestros. Cada fracaso contiene lecciones sobre qué hacer de manera diferente, dónde poner más atención y cómo adaptarse.

Recientemente vi un video de un león sentado bajo un árbol. Parecía como si el león hubiera buscado el árbol para refugiarse del incesante sol. Ahí sentado, algo increíble pasó: un impala se cayó del árbol, casi cual maná del cielo. El león se le quedó viendo al impala con lo que parecía absoluta incredulidad, como si no pudiera comprender su suerte. ¿Y por qué lo haría? Los leones no se sientan abajo de los árboles esperando que caiga comida del cielo. En su naturaleza, los leones cazan: acechan, persiguen, trabajan por su comida.

Es lo mismo con el éxito. Sí, de vez en cuando alguien tendrá el más grande golpe de suerte y su propia versión de un impala le caerá del cielo. Pero para el resto de nosotros, como un león viviendo en la naturaleza, tenemos que salir y cazar el éxito. Debemos dar pasos deliberados, fallar, aprender y volverlo a intentar, porque el éxito no es un accidente, y claramente no está garantizado.

En mi experiencia, el camino al éxito y el camino al fracaso suelen verse increíblemente similares al principio. El éxito está construido sobre una base de pequeños actos deliberados que se toman constantemente a lo largo del tiempo. Requiere atención al detalle, persistencia y la disposición a aprender de cada revés. El fracaso, por el otro lado, muchas veces se origina en el descuido de esos mismos principios.

Cuando pienso en las historias de quienes más admiro, todos siguieron esta verdad universal: el éxito se gana. No es cuestión de suerte ni de esperar que la oportunidad te caiga en las manos; la cuestión es mantenerte comprometido con el proceso.

Así que, cuando pienses en la libertad del éxito, te invito a que te preguntes lo siguiente: ¿estás dando un paso inteligente tras otro, o estás sentado abajo del árbol, esperando a que el éxito te caiga del cielo?

La responsabilidad de tu éxito recae en tus decisiones, en tus actos y en tu disposición de salir y cazar ese éxito. Para alcanzar el éxito, tienes que adueñarte de él. Y recuerda, aun si te tropiezas o te caes, cada mal paso es una nueva oportunidad de aprender, crecer y acercarte a tu meta.

LA BATALLA INTERNA

El éxito, para mí, siempre ha sido una batalla que se pelea en el interior. Es un duelo incesante entre las voces de mi pasado —esos ecos rotos y cínicos— y mi auténtica voz, que sabe que puedo canalizar el poder del universo para bien, incluyendo mi propio bien mayor. Me di cuenta muy pronto, cuando estaba en confinamiento solitario y empecé a escribir mis diarios, de que la clave del éxito era alimentar la voz correcta y matar de hambre a la que está equivocada. Esa es la esencia de componer mentalmente mis errores.

La voz negativa no desaparece así sin más; acecha en el fondo, esperando una oportunidad para resurgir. Está ahí cada vez que dices que algo activó esa voz, recordándote su presencia. Pero al ser consciente de ella, aprendes a controlarla.

ESCRIBIR MI PROPIA SALIDA: EL PODER DE LAS PALABRAS

Cuando escuché por primera vez «I Wrote My Way Out», de Aloe Blacc, sentí que el universo me estaba hablando directamente. De hecho, escribí para salir de prisión y llegar a una posición donde pudiera ayudar a otros. Mi escape no fue meramente de los confines físicos del encarcelamiento; fue una liberación mental y emocional a través del poder de la tinta y el papel.

Durante años escribí en mi diario, tomé notas de los libros y los artículos que había leído, de autores que habían superado la adversidad, salido de sus propias prisiones y encontrado el éxito a pesar de los impedimentos que habían afrontado.

Yo construí un nuevo plan de escapatoria… uno basado en tres pilares: ideación, activación y manifestación. Pasé horas imaginando mi nueva vida, hasta los más minúsculos detalles, como el coche que manejaría y las dinámicas familiares que deseaba. Luego vino la activación, tomar medidas inmediatas para volver mis sueños realidad. Por último, a través de la acción constante, manifesté la vida que había visualizado. Paso a paso, estaba aclarando mi IDEA.

ENCÁRGATE DE TU IDEA: LOS PLANOS DEL ÉXITO

Hacerme cargo de mis cosas ha sido un principio rector para mi éxito. Me recuerda asumir la total responsabilidad de mi viaje, descompuesto de la siguiente manera:

- *Inteligencia*: Yo soy el arquitecto de mi mente, responsable de alimentar el conocimiento y las habilidades necesarias para tener éxito. Las recomendaciones de los demás son valiosas, pero depende de mí aplicarlas.
- *Diligencia*: El empuje para perseguir mis ambiciones surge del interior. Sí, otros me pueden inspirar o impulsar, pero yo soy quien tiene que levantarse y conseguir sus objetivos.
- *Éxito*: Solo yo puedo definir en qué consiste el éxito para mí, sea como pareja, empleado o emprendedor. Mientras que otros pueden contribuir a mi éxito, al final es mi responsabilidad trazar el camino.
- *Aptitud*: Tenemos talentos innatos, pero sin práctica ni dedicación, se pierden. Honrar mis dones significa retarme continuamente a crecer.

REDEFINIR EL ÉXITO

Unirme a Navan en 2020 fue un paso transformador en mi carrera. Mi temporada en esa empresa me llevó de consultor a un cargo ejecutivo. Trabajé junto con líderes de ventas, aprendiendo y creciendo con cada paso, tropiezo, éxito y fracaso. Uno de los momentos más surrealistas fue ser invitado a la Bolsa de Valores de Nueva York. Estar parado en ese histórico piso me recordó la distancia tan increíble que ya había recorrido, desde las calles de Detroit y el confinamiento solitario hasta las cumbres del mundo corporativo de Estados Unidos. El compromiso de Navan con crear un lugar de trabajo que pusiera primero a la gente resonaba mucho conmigo. La importancia que le dimos a la experiencia laboral, desde la comida, las mascotas y la diversión hasta el apoyo a los empleados para viajar y experimentar el mundo. El ambiente era muy estimulante y alentador, aun cuando fuera pesado, y me sentía orgulloso de representar a una empresa que valoraba de verdad el éxito, no solo como una métrica del negocio, sino como una experiencia humana.

No todo proyecto fue un éxito. Asumí puestos que no eran los correctos para mí, cargué más responsabilidad de la que debí y muchas veces no hice las preguntas correctas de entrada. No hubo una razón lógica para que dejara mi puesto de jefe de ventas y cultura del éxito. Me encantaba ese trabajo; me sentía pleno. Capacitaba a nuestro personal para que se convirtieran en increíbles narradores, ayudaba a jóvenes representantes de ventas y ejecutivos de cuenta a perfeccionar su labor. Eran tenaces, y no había nada más emocionante que trabajar junto con gente que quería destacar.

Pero me enredé en el encanto de seguir ascendiendo. El puesto de vicepresidente de comunicación corporativa parecía una oportunidad para salir de mi zona de confort y extenderme hacia otros campos. No hice las preguntas adecuadas. De haberlo hecho, me habría dado cuenta de que la emoción de vender nuestro producto en el festival South by Southwest, recibir a ejecutivos de tecnología en las fiestas de la empresa y tener boletos en primera fila para eventos musicales quedaría reemplazado por escribir correos para los clientes cada vez que había una crisis en el mundo turístico. De haberlo sabido, de ninguna manera habría aceptado el puesto. Habría preferido dedicarme a ver secarse la pintura de la pared.

Ahora que reflexiono sobre la experiencia, me enseñó la importancia de hacer una pausa, evaluar y asegurarme de que los puestos y proyectos que tome estén realmente alineados con mis habilidades y valores. Me prometí a mí mismo que nunca aceptaría un puesto ni accedería a trabajar en un proyecto que extinguiera mi imaginación.

Después de lanzar la nueva imagen de la marca de Navan en mi papel como vicepresidente de comunicación corporativa, sabía que era tiempo de abandonar el mundo corporativo como empleado y enfocarme en mi creatividad y en las oportunidades de inversión que habían sido resultado de mi trabajo en Silicon Valley durante años. Era un salto riesgoso, pero me sentía preparado.

DOMINA TU PENSAMIENTO, DOMINA TU DESTINO

El éxito no es un punto de llegada: es un viaje continuo que requiere dominio sobre los propios actos y pensamientos. Se trata de tomar las herramientas de supervivencia y transformarlas en instrumentos de éxito. Consiste en las lecciones que se aprenden a la mala, la experiencia única de pasar por momentos difíciles y prosperar a pesar de ello, mientras usas lo que sabes para llegar adonde estás intentando llegar. Se trata de rechazar las excusas y asumir la responsabilidad entera de tu camino personal.

Lo que me ayudó fue que le tenía más miedo a la inmovilidad que al fracaso. Me parecía más aterrador permanecer en el mismo lugar que adentrarme en lo desconocido y seguir adelante con mis metas. Así que deja de vaciar tu tanque por todos los demás y empieza a echarle combustible a tu propio viaje.

Al pensar en mi trayectoria —desde la cárcel hasta convertirme en un autor de *bestsellers* del *New York Times*, orador de TED, miembro del MIT Media Lab, y salir en documentales, como *The 13th*, dirigido por Ava DuVernay y merecedor de un Emmy—, me doy cuenta de que el éxito no llegó en línea recta. No se trataba de obtener una gran victoria: era cuestión de hacer el trabajo de manera consistente, un día tras otro, con disciplina, concentración y una fe inamovible en mi propio potencial. Fue cuestión de ser creativo, dejar libre mi imaginación y superar las fronteras que la sociedad me marcó. También fue tener el valor de alejarme de cosas que ya no me servían o simplemente porque quería ir en busca de algo nuevo.

Esa creencia se nutrió con las historias de otros que se atrevieron a soñar en grande; gente como Richard Williams, el padre de Venus y Serena Williams. Él vio grandeza en sus hijas mucho antes de que el mundo lo hiciera, y su fe, combinada con su disciplina implacable, un talento increíble y pura determinación, cambió el mundo del tenis. O Tom Brady, que llevaba todas las de perder, el puesto 199 en el *draft* general, y que llegó a ser siete veces campeón del Supertazón. Estos ejemplos me recuerdan que el éxito se construye con algo más que talento: se hace con previsión, disciplina y un firme compromiso con esa visión.

La gente muchas veces se enfoca en el resultado final, en la superficie reluciente del éxito. Pero el éxito se hace con la rutina. Son esas horas extra que pasas refinando tu arte, esas lluvias de ideas ya tarde, en la resiliencia que construyes cuando las cosas no salen como las planeas. El éxito es una práctica; no es algo que logres una vez ni una meta final. Es la voluntad de seguir andando cuando las cosas se ponen difíciles, de adaptarte y ajustar tu curso cuando surgen retos, y creer que lo mejor está por venir. El éxito es mantenerte abierto a las posibilidades, reconociendo que hay mucho que puedes experimentar y explorar.

Los logros de los que más orgulloso estoy no fueron resultado de la suerte o siquiera del talento. He estado en lugares oscuros, me he sentido desesperado, perdido, deprimido y ahogándome de rabia. Hubo momentos en que el peso de mis circunstancias se sentía insoportable, cuando el camino hacia adelante parecía invisible y la oscuridad se extendía infinitamente. Pero el éxito no fue un momento decisivo mágico o una transformación de la noche a la mañana. Se construyó lentamente, con un paso constante… ladrillo a ladrillo.

Una de las lecciones más transformadoras que he asimilado es el valor de hacer las cosas difíciles primero. Enfrentar las conversaciones difíciles, abordar los retos que quería evitar y aceptar la incomodidad sin rodeos. Fue necesario tener conversaciones difíciles conmigo mismo cuando dejé mi posición de director ejecutivo en la Coalición contra la Reincidencia y de nuevo cuando dejé mi puesto en Navan. ¿Tenía suficiente dinero para vivir en lo que conseguía clientes, agendaba conferencias y hacía tratos para conseguir dinero? ¿Tenía el apoyo que necesitaba para dar un salto tan arriesgado? ¿Mi decisión iba a tener un impacto negativo en la calidad de vida de Sekou?

Tuve que moderar mis gastos, balancear mi presupuesto de otra manera y contraer mi estilo de vida donde fuera necesario. Tuve que invertir mi dinero en cosas que a lo mejor daban rendimientos, pero quizá no daban nada, y rechazar dinero garantizado cuando no se alineaba con mi visión. No fue fácil; requirió determinación, valentía y creer en la posibilidad de algo mejor. Pero entre más me iba por lo difícil, más ligera se volvía la vida. Cada obstáculo que superaba añadía fuerza a mi espíritu y claridad a mi visión.

Cuando las personas observan mi vida o la vida de otros, suelen ver el resumen de los mejores momentos, pero se pierden todos los segundos, minutos y horas de trabajo duro, y la cantidad de años de duda e inestabilidad. Participar en el álbum nominado al Grammy de Nas no fue solo un momento de serendipia: fue la culminación de años de construir relaciones, de perfeccionar mi voz como escritor y de tener el valor de estar en espacios donde no siempre me sentí cómodo.

El éxito tiene varias capas. No es meramente económico o profesional: es emocional, mental y espiritual. Tiene que ver con el alineamiento: con crear una vida que no solo sustente tus sueños, sino que eleve a la gente a tu alrededor. Esa es la lección que aprendí: el éxito no es cosa de títulos y logros; es vivir en armonía con tu propósito y asegurarte de que todos los pasos que des sean pasos hacia tu mayor potencial.

El viaje no ha terminado. Todos los días son una oportunidad para crecer, para construir, para redefinir cómo es tu éxito. Está relacionado con apostar por ti continuamente, virar si es necesario y nunca perderle la pista a la visión que te puso en este camino en un principio. Yo estoy evolucionando y buscando mi siguiente aventura y con ganas de conocerte en el camino.

CAVAR MÁS HONDO

Reflexiona sobre tu propia relación con el éxito; toma en cuenta las siguientes conclusiones.

1. El éxito es un proceso, no un evento

El éxito no es algo que suceda de la noche a la mañana. Se construye a través de pequeños actos consistentes, con disciplina y aprendiendo de tus fracasos. Los eventos culminantes de la vida de alguien no nos muestran las noches en vela, las decisiones difíciles y el constante afán de mejorar.

2. El fracaso es un maestro, no una condena perpetua

Cada fracaso lleva consigo aprendizajes invaluables: detalles que pasaste por alto, advertencias que ignoraste o la falta de compromiso. Tanto el éxito como el fracaso se acumulan con el tiempo; son producto de decisiones diarias. La clave está en reconocer rápido los errores y corregir el curso.

3. Tienes que cazar el éxito

Así como un león no espera que le caiga la comida del cielo, las oportunidades no aparecerán de la nada. El éxito requiere iniciativa, resiliencia y una búsqueda activa. Los que se sienten bajo el árbol esperando un golpe de suerte se van a quedar atrás.

4. Domina tu mentalidad, domina tu vida

El éxito empieza en tu interior. La batalla entre dudar y creer en ti es constante. Alimentar la mentalidad correcta —a través de un diario, con visualización y un pensamiento deliberado— determina si te quedas atrapado en tu pasado o sigues adelante hacia tu potencial.

5. El éxito requiere crecimiento estratégico, no solo cualquier oportunidad

No todo ascenso, puesto o proyecto se alinea con tu propósito. La jugada equivocada —sin importar lo prestigiosa que sea— te puede alejar de tu pasión. Siempre evalúa si una oportunidad alimenta tu creatividad y tu visión antes de decir que sí.

LAS LLAVES DEL ÉXITO

1. Audita tus decisiones diarias

- Al terminar cada día, hazte esta pregunta: ¿mis actos me llevaron al éxito o al fracaso el día de hoy?
- Identifica un pequeño ajuste que pudiera mejorar tu trayectoria mañana.

2. Practica el análisis del fracaso

- En lugar de temer el fracaso, estúdialo. Después de un revés, haz estas preguntas:
  - ¿Qué pasé por alto?
  - ¿Qué pude haber hecho de otra manera?
  - ¿Qué lección puedo aplicar en adelante?
- Escribe estas reflexiones para reconocer los buenos o malos hábitos y tomar mejores decisiones.

3. Crea un «plan del cazador» para tus metas

- Define una meta grande y descomponla en pasos que sean viables.
- Agenda un acto audaz a la semana (por ejemplo, proponer una idea, contactar a un mentor, invertir tiempo en una nueva habilidad).
- Registra tu progreso y haz los ajustes necesarios; el éxito no es lineal.

4. Reescribe tu narración interna

- Identifica una creencia limitante que te digas a ti mismo (por ejemplo: «No estoy listo» o «No lo merezco»).
- Reemplaza esa creencia con una nueva afirmación (por ejemplo: «Estoy listo para crecer» o «Yo creo mis propias oportunidades»).
- Refuerza esa mentalidad escribiendo en tu diario, meditando o diciéndolo en voz alta todos los días.

5. Evalúa cada oportunidad antes de decir que sí

- Antes de aceptar un nuevo puesto, proyecto o reto, haz estas preguntas:
    - ¿Se alinea con mi visión?
    - ¿Suma a mi creatividad y mi crecimiento?
    - ¿A qué estoy renunciando para decir que sí a esto?
- Si la respuesta no sustenta tu visión a largo plazo, aléjate con toda confianza.

CAPÍTULO 11

Enfrentar el miedo

Recordar que te vas a morir es la mejor forma que conozco de aludir la trampa de pensar que tienes algo que perder.

—Steve Jobs

LA RELIQUIA Y EL TRABAJADOR

El miedo pudo haber sido la fuerza que me impidiera perseguir mis sueños de convertirme en un autor de *bestsellers.* Tenía todos los pretextos: era demasiado viejo, la época de vender libros desde la cajuela de mi coche ya se había acabado, el fenómeno de los libros escritos por gente del barrio ya había pasado. Pero elegí decir: «A la mierda, lo voy a intentar». Yo sabía que, si bien me veía desactualizado o carecía de estilo, podía convertir esas percepciones en ventajas. Yo era una reliquia del pasado, pero como todas las grandes reliquias, creía que mi valor era real.

Al haber pasado dos décadas atrapado en una cápsula del tiempo en prisión, acepté mi aspecto fuera de lugar —shorts que me quedaban grandes y playeras sueltas—. La gente se reía, pero también sacaba la cartera. Tenía una historia poderosa que contar, una que incluía trauma, confinamiento solitario y las múltiples atrocidades de mi joven vida. Y la entregaba con una sonrisa. Estaba presente, y mi presencia decía mucho.

Yo sabía cómo vender. Había estado vendiendo desde los trece años, ya fueran drogas en la calle o moviendo lo que fuera en el patio de la prisión. En el fondo, se me tenía como el más movido de ahí, y yo sabía que otros así lo veían y lo respetaban. Veían a un pionero que le había dado la vuelta a su vida. Lo que no sabían era que adentro de este pionero había un genio, uno que se había redescubierto a sí mismo padeciendo tiempos inimaginablemente difíciles. Mi apariencia era testamento de mi viaje, y estaba ahí para compartirlo con el mundo. Era mi hora.

ENFRENTAR EL MIEDO EN ROUGE PARK

Invité a mi familia y amigos a que me acompañaran en una excursión para ir a una firma de libros al Rouge Park, en el lado oeste de Detroit. Su abrumadora respuesta fue: «Ni loco». Un amigo incluso me advirtió: «A los negros los matan ahí todo el tiempo». A pesar de ello, me sentía atraído por ese lugar. No tenía miedo; me sentía inspirado y compelido, creyendo que mi público vivía ahí, la gente del barrio que comprendía mi historia.

Me bajé de mi pequeño Honda Civic en el mundo que conocía tan bien. Pasaron autos con enormes rines brillantes, la música retumbaba de las cajuelas y mujeres con muy poca ropa bailaban a su ritmo. Sentí las miradas de los hombres siguiendo mis pasos. Esta era mi casa, y yo sabía que mi historia resonaría aquí más que en cualquier lado.

Años después me encontraría en una batalla similar con el miedo, pero en un escenario mucho más grande. En 2014 recibí una invitación de June Cohen, jefa de medios de TED, para hablar en su aniversario número treinta, que se celebraría en Vancouver, Canadá. No era cualquier plataforma… era *el* escenario. TED era una arena global donde pensadores, innovadores y soñadores compartían ideas con la esperanza de que cambiaran el mundo, o por lo menos el diálogo. Me habían dado la oportunidad de expresar mi verdad sobre el encarcelamiento, la redención y las segundas oportunidades. Pero tan pronto como acepté la oferta, un nuevo miedo surgió: mis antecedentes penales.

Canadá me prohibiría la entrada debido a eso. Después de todo el trabajo que había hecho, después de todo el progreso que había hecho personal y profesionalmente, no podía escapar de esa terrible decisión que tomé décadas atrás. El peso de esa realidad me pegó duro. Pero entonces, a June y a mí se nos ocurrió un plan: yo daría mi charla en una transmisión en vivo desde sus oficinas en Nueva York.

El día antes de mi charla sentí ese zumbido familiar de los nervios. ¿Y si lo arruinaba? ¿Y si me paralizaba enfrente de la cámara? ¿Y si fallaba?

Para calmar mis nervios esa noche, me fui al bar del hotel y terminé en una competencia con dos extraños a ver quién bebía más cerveza. Bebí hasta perderme, intentando huir de la creciente ansiedad. A la mañana siguiente me sentía como si me hubieran tirado un saco de cemento en la cabeza y un par de botas Timberland estuvieran dándome pisotones en el estómago. Michael, el instructor de comunicación que me asignaron en TED, me pidió que nos viéramos en la oficina para hacer un *dress rehearsal* (literalmente «ensayar cómo vestirse»), que es como le dicen en inglés al ensayo general. Yo estaba confundido, no entendía por qué quería que ensayáramos cómo me vestía. Me había sabido poner la ropa muy bien desde que era niño. Llamé a un amigo y le pregunté sobre el asunto. Se atacó de la risa y me explicó la expresión. Estaba aprendiendo.

Me fui a la oficina y me pusieron un micrófono para hacer una prueba de transmisión. Del otro lado de la pantalla, Chris Anderson me dijo que diera mi plática mirando a la cámara. Al contestar que no había terminado de memorizar mis palabras, pude sentir esas Timberland pateando más duro. Escuchaba mi corazón latir en mi cabeza. Chris me dijo que solo improvisara para que pudieran asegurarse de que todo funcionaba. Me la pasé equivocándome en un intento a medias por recordar mi plática, y dijeron que todo funcionaba y que volviera después, cuando terminara de memorizarla.

Me fui a un cuarto en otra parte y traté de recordar mis palabras, pero cada vez que dejaba el papel se me borraba la mente. Me estaba dando pánico, pero entonces recordé el consejo que le había dado a un amigo cuando estaba preparando su propia charla para TEDx un par de años atrás: solo cuenta tu historia. Así que, en lugar de preocuparme por el guion, decidí hablar desde el corazón.

Cuando estuvieron listos para mi ensayo, señalé hacia el equipo de grabación, convirtiéndolos en mi público, y dejé que mi historia fluyera de mí, cruda y real. Pero a meros minutos de haber empezado, mi audífono tenía estática, un problema técnico que el equipo pescó relativamente rápido. Todo parecía ir bien.

Cuando llegó el momento de hacerlo en vivo, me paré en medio del cuarto y empecé: «Hace veintitrés años…». Pero antes de que llegara a la siguiente línea, el audífono tronó otra vez. No me podía oír y tampoco sabía si alguien del otro lado podía. «¿Y si no se dan cuenta a tiempo?», pensé. Me empezó a escurrir el sudor por la espalda y se me humedecieron las palmas de las manos. Por un segundo, mis pies se sintieron como tabiques, con el pánico escalando por mi pecho. Me pude haber detenido en ese momento, señalar al equipo de audiovisual que algo andaba mal, pero decidí continuar.

Ya fuera que el audio funcionara o no, iba a dar mi mensaje, y así lo hice. Cuando terminaron mis dieciocho minutos, no tenía idea de cómo había llegado a Vancouver. No podía ver rostros ni escuchar la reacción de la gente del otro lado de la cámara. En cambio, tenía enfrente al equipo y a un pequeño grupo de gente que habían invitado a las oficinas de TED. Pero luego vibró mi teléfono con un mensaje de mi amigo Baratunde: «Hermano, acabo de ver tu plática en la conferencia. Te dieron una ovación de pie». Luego me mandó la reacción, que vi varias veces por la noche mientras celebraba con un pequeño grupo de amigos.

Ese momento me enseñó que el miedo solo te tumba si cedes ante su poder. Aprendí a salir avante. Aprendí a usar el miedo como combustible.

El miedo ha asomado la cara muchas veces en mi carrera. Pero aquí está la cosa: es parte del viaje. No pretendas que no está ahí. Reconócelo, acéptalo y luego sigue adelante de todas maneras. Cada vez que he enfrentado o superado un miedo, me doy cuenta de que del otro lado hay algo mucho más poderoso: libertad.

A fin de cuentas, el miedo es solo tan fuerte como la historia de él que te cuentas a ti mismo.

ENFRÉNTATE A TU VOZ INTERIOR

Muchas veces, las conversaciones más importantes que tenemos son con nosotros mismos; sin embargo, también son las más aterradoras. Entablar esta clase de diálogos sin censura, filtros ni limitaciones me liberó. La conversación más dura que tuve fue enfrentar la voz que llevaba adentro: mi espíritu autoacusatorio envuelto en vergüenza y humillación. Cuando dejé Navan estaba bastante agotado por todo lo que había pasado en esos años. Además de la muerte de Sherrod y de Indy, junto con el diagnóstico de Sekou, me dio covid cuatro veces, me dio cefalea en racimo (también conocida como cefalea suicida) y tuve una cirugía dental tras otra. La vida me estaba apaleando de una forma que no había experimentado en mucho tiempo, lo cual sacó a relucir sentimientos familiares de incertidumbre e inestabilidad. Tenía miedo, pero sabía que tenía que seguir adelante; de lo contrario me quedaría parado en neutral.

LA PRISIÓN DEL MIEDO

El miedo es una cárcel que muchas veces construimos nosotros mismos, una fortaleza construida a partir de la ignorancia, la antipatía y el deseo de controlar lo que percibimos como una amenaza. Nos paraliza, nos silencia y nos impide buscar la vida que queremos. Nos da miedo lo que la gente piense, nos da miedo perder el amor, nos dan miedo los juicios.

El miedo no tiene por qué controlarnos. Es una voz que podemos someter y manejar. Es cuestión de reconocer que el miedo siempre está presente, pero que nosotros tenemos el poder de confrontarlo. Para mí, nombrar mis miedos, comprender sus orígenes y decidir combatirlos en lugar de huir de ellos ha sido el camino a la libertad.

La ansiedad ha sido mi compañera de toda la vida; se ha manifestado de diversas formas: preocuparme por estar a tiempo, encontrar estacionamiento, lidiar con las emociones de los demás. Es más fácil manejar estas cosas solo que cargarlas mientras interactúas con otros. Sin embargo, sobrevivir y superar estas ansiedades y reconocer la culpa del sobreviviente que surge por tener éxito cuando otros no lo tienen han sido una parte profunda de mi viaje.

En realidad, el miedo intenso al fracaso tiene un nombre: atiquifobia. Y de todas las cosas que temo, la más intensa en mi vida, con mucho, era el miedo a hablar en público. Desde que era niño, me aterraba exponer mis dientes abiertos y mi cabezota. Sin embargo, encontré la manera de conquistar ese miedo redirigiendo la energía hacia el exterior. Hacer lo que más temía, con la estática literalmente amenazando con tumbarme, no solo me trajo una ovación de pie (que ni siquiera pude ver), sino que me hizo saber que soy lo suficientemente fuerte para manejarlo. Todavía me dan nervios —¿a quién no?—, pero no me detienen.

CAVAR MÁS HONDO

Me tuve que preguntar a mí mismo: «¿Quién eres si no logras todo lo que tienes en mente? Si el éxito —según los estándares de la sociedad— nunca llega, ¿entonces qué?». El miedo al fracaso se alzaba gigantesco, pero llegué a entender que mi valía no estaba definida por mis logros, mis títulos ni mi riqueza. Mi valía surgía de adentro.

Sí, aún quería alcanzar las metas que me había propuesto, ganar el dinero que deseaba y viajar por el mundo. Pero en mi interior, mi deseo más profundo era simple: vivir una vida de creatividad de una manera que me permitiera cuidar a mi familia y ser coherente con el llamado de mi alma.

Así que te pregunto: esta forma de pensar, ¿cómo afecta tu calidad vida? ¿Te tienes en cuenta a ti mismo, o prefieres perseguir una visión de éxito que nunca fue realmente tuya? ¿Confías en tu llamado divino, tu guía interna, o estás perdido en unas expectativas que no se alinean con tu espíritu?

Estas preguntas no son solo para mí. Son tuyas para que las lleves contigo, para que reflexiones y las respondas de una manera que te acerque a tu verdad.

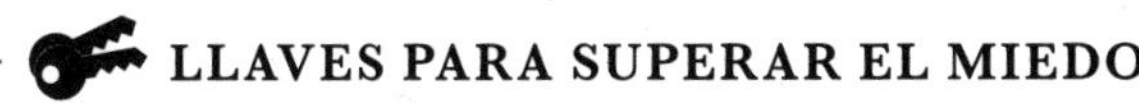

LLAVES PARA SUPERAR EL MIEDO

1. Reconoce el miedo sin rendirte a él
Reconoce la presencia del miedo en tu vida sin dejar que dicte tus decisiones o limite tu potencial.

2. Reformula tu relato
Transforma el poder del miedo cambiando las historias que te cuentas sobre lo que te asusta y lo que esos miedos significan.

3. Usa el miedo como combustible
Convierte la energía nerviosa del miedo en motivación que te impulse hacia tus objetivos en vez de alejarte de ellos.

4. Redefine el éxito en tus propios términos
La liberación llega cuando mides los logros de acuerdo con la satisfación interna, y no con la validación externa o las expectativas sociales.

CAPÍTULO 12

Volverte imparable

La pegunta no es quién me lo va a permitir; es quién me va a detener.

—Ayn Rand

Cuando pienso en la temeridad, pienso en ser imparable. Y la imagen que viene a mi mente de continuo es Diana Ross durante su icónico concierto en Central Park. Nacida en los Proyectos Brewster de Detroit, Ross no era solo una cantante… era y es una fuerza de la naturaleza. En ese inolvidable día en Central Park, el cielo se abrió con una tempestad que amenazó con detener el espectáculo. Pero Diana Ross se quedó en el escenario, con el cabello y el vestido ondeando al viento, empapada pero inamovible, entregando una de las actuaciones más poderosas de su carrera. No solo cantó:

comandó el ambiente, sometiendo los elementos a su voluntad. Al ver esa presentación una y otra vez, me sentí identificado con su forma de seguirse viendo grácil y regia en medio del incesante caos. Me recordó que, aun de cara a la adversidad, tenemos el poder de hacer que el mundo nos sirva si rehusamos rendirnos.

Esa imagen de Ross, empapada e imparable, se quedó conmigo mientras labraba mi propio camino. Después de dejar Navan, me encontraba en otra encrucijada. Había invertido en la empresa tres años de mi vida y había entregado a ella para su éxito, además de tiempo, dinero. Aun cuando sabía que era tiempo de seguir adelante, el miedo me acechaba. Había sobrevivido tiempos más difíciles, sin duda, pero esto era distinto. Cuando estás en el fondo, tienes realmente muy poco que perder. Es distinto cuando eres responsable no solo de ti, sino de tu familia.

Tenía que dilucidar qué seguía, pero en lugar de permitir que el miedo me consumiera, volví al principio que me ayudó en los momentos de mayor oscuridad: la creencia de que era capaz de más, que estaba destinado a la grandeza.

No perdí tiempo. Tuve el honor de ser miembro del Instituto para Liderazgo y Tecnología de Virginia, un prestigioso programa anual que integra humanidades con liderazgo a través de cursos de filosofía, religión, arte e historia. Se incrementaron las conferencias que tenía agendadas e invertí en nuevas empresas. Empecé a moderar conversaciones de alto nivel, como las del evento de Paid in Full, donde entrevisté a luminarias del *hip-hop* como Rakim, Scarface y Steve Stoute, y en los Premios Alfombra Verde, donde trabajé con Chris Bevans y le entregué su premio a John Legend. Mi éxito no era solo alcanzar grandes metas, sino crecer y evolucionar de manera constante. Ser exitoso e imparable significaba creer en mi propia magia y tener un ego sano. Y también implicaba seguir adelante, sin importar el volumen de mis dudas internas. Ya hablé antes sobre el ego de una manera negativa —egocentrismo, arrogancia y la necesidad de validación—, pero hay otro lado, uno que merece cuidados y fe. Un ego fuerte y sano no tiene que ver con la importancia que te des; se trata de la confianza que tengas en ti mismo. Es el cimiento de la seguridad, la fuerza que nos permite mantenernos firmes en nuestras decisiones y actuar con audacia. Sigmund Freud lo reconoció cuando dijo: «El ego representa lo que podemos llamar razón y sanidad, en contraste con el ello, que contiene las pasiones».

En otras palabras, el ego —cuando está equilibrado— nos asienta. Mantiene a raya el miedo, tempera los deseos impulsivos y nos permite seguir adelante con un espíritu imparable. Creer en ti mismo no es solo un noble ideal: es una práctica diaria, sobre todo cuando estás atrapado en una batalla constante entre tus mejores y tus peores pensamientos. En los días más difíciles hablé conmigo, recordándome lo que valía y cuál era mi potencia. Releí viejos diarios donde había vaciado sueños, desafíos y victorias, redescubriendo la resiliencia en el proceso. Me sumergí en libros que me inspiraron, llenándome la cabeza con sabiduría y ánimo. Los pódcast sobre emprendimiento y liderazgo se volvieron un ritual diario, aportándome información e historias que reencendieran mi sentido de propósito.

Tampoco lo hice solo: contacté a mi red de amigos buscando su motivación y su inspiración. Su ánimo me recordó el poder de la comunidad y la importancia de rodearme de personas que creyeran en mí. La música también tuvo un papel significativo. Escuché *hip-hop* inspiracional que le hablaba directamente a mi alma, tejiendo esperanza y determinación con cada verso. Me perdí, por así decirlo, en artistas como LaRussel, Black Milk y Boldy James, junto con los básicos que definieron mi era.

Lo único que me negué a hacer fue quedarme atorado en un ciclo de negatividad. En el momento en que surgía un pensamiento negativo, lo contrarrestaba con afirmaciones negativas. Medité sobre la gratitud, asentándome en las bendiciones que ya tenía, en lugar de los retos que enfrentaba. Este compromiso de modificar mi mentalidad no era solo por salir adelante, sino por crear un fundamento de autoconvicción que me permitiera ver las posibilidades en lugar de los obstáculos, y así poder avanzar con esperanza y propósito.

Es fácil quedarse enredado en el miedo, dejar que te inmovilice. Una vez que llegas a los cincuenta, la cultura te dice que pares, que ya dejaste de ser interesante. Pero hay muchas pruebas de gente de mi edad que encontró el éxito en sus años mayores. Ray Kroc no empezó su camino para convertir su puesto de hamburguesas en el imperio mundial que es McDonald's hasta que cumplió cincuenta y dos. Toni Morrison publicó *Ojos azules* a los cuarenta y luego se convirtió en ese gigante literario que ganó el Premio Nobel. Samuel L. Jackson pasó décadas en papeles menores antes de obtener sus primeros papeles importantes como Gato Purify en *Jungle Fever* a los cuarenta y dos, y en *Pulp Fiction* a los cuarenta y seis. Julia Child no introdujo al mundo a la gastronomía francesa hasta los cincuenta, demostrando que la reinvención no tiene fecha de caducidad. Stan Lee cocreó los superhéroes más legendarios de Marvel en sus cuarenta, con lo que redefinió la cultura pop para siempre. Y Harland Sanders estaba casi en la bancarrota a los sesenta y cinco años cuando se dio la innovación de las franquicias que llevó a que KFC fuera una de las marcas más reconocidas en el mundo. Si ellos pudieron hacerlo, ¿por qué yo no? ¿Por qué no ahora? Digo, LeBron sigue jugando a los cuarenta.

La clave es la resiliencia: atravesar el ruido y enfocarte en tu propio crecimiento. Pienso en Kobe Bryant, cuya ética laboral era legendaria. Después de fallar tiros importantes, no se quedaba llorando su derrota. Se iba al gimnasio y tiraba cien veces, trabajando en perfeccionar su técnica. Esa clase de disciplina es la diferencia entre lo ordinario y lo extraordinario.

Yo solía pensar que el éxito consistía en perseguir sueños, como si la persecución por sí misma fuera a aportar esa plenitud. Pero me he dado cuenta de que es algo mucho más profundo que eso. El éxito exige obsesión: estar cautivado, consumido y profundamente comprometido con los ideales más grandes que tienes para la vida. Tienes que interesarte mucho en ti mismo para creer con ferocidad en las posibilidades que nadie más es capaz de ver, para crear una visión tan vívida que te jale hacia adelante cuando lo más sencillo sería parar.

En confinamiento solitario empecé a escribir todo lo que quería manifestar en mi vida. Me escribí un cheque imaginario con la cantidad que quería ganar, visualicé el auto que quería manejar y declaré que me convertiría en autor de *bestsellers*. Me atreví a soñar en grande, más allá de mis circunstancias y de las paredes que me retenían. Y si bien empezó como un ejercicio de esperanza, se convirtió en una práctica de creación.

Hoy abordo la vida de la misma manera: con valentía, magia y diversión. Sueño sin complejo alguno y manifiesto sin parar porque creo en el poder de mi visión, mi imaginación y mi capacidad de crear la vida que quiero. He aprendido que, para ser un verdadero soñador y un maestro de la manifestación, tienes que abrazar tu magia, comprometerte con tu parte «loca» y, sobre todo, disfrutar el viaje.

Tengo citas de sueños con mi esposa, consistentes en que nos sentamos a soñar juntos sobre cómo queremos que sea nuestra vida. Vamos a ver casas en los vecindarios donde queremos vivir. Nos quedamos viendo videos de coches, destinos y lugares exóticos que queremos visitar. Somos intencionales sobre los planes que tenemos en nuestra cabeza. No se trata solo de alcanzar metas, sino de vivir plenamente en la alegría de la posibilidad todos los días.

También tuve que aceptar que el fracaso, al igual que el sueño, es parte del proceso. La primera vez que me rechazaron en una venta, lo sentí muy hondo. Pero en lugar de permitir que eso me quebrara, me hice las preguntas difíciles: ¿estaba siendo auténtico? ¿Hice lo mejor que pude? La respuesta en aquel entonces fue *no*, y desde ese momento en adelante me enfoqué en mejorar, practicar y canalizar mis habilidades. El rechazo es parte de la vida, pero la capacidad de abrirte paso es un músculo que trabajas.

Cada vez que visito cárceles ahora, me acuerdo de lo lejos que he llegado. Al atravesar esas puertas y oír ese pesado clanc de las puertas a mis espaldas, es imposible no reflexionar sobre mi propio viaje. Yo logré salir, pero muchas personas siguen atrapadas, no solo tras las paredes físicas, sino dentro de las prisiones mentales que se construyen. Es desolador, porque yo conozco esas cadenas, forjadas con ira, vergüenza y dolor. Durante esas visitas mi propósito es ayudar a los hombres a romper sus cadenas mentales. Muchos no se consideran dignos de ser libres, ya sea una libertad literal o en su mente.

Yo he estado ahí, atorado en esa mentalidad de supervivencia, creyendo que mi pasado me definía. Pero una vez que cambié mi enfoque, una vez que creí que el éxito no solo era posible, sino inevitable si me dedicaba a ello, todo empezó a cambiar. Manifestar mis sueños se volvió una práctica: escribirlos, visualizarlos con claridad y hacerlos cobrar vida con mis palabras. Cada paso acercó más mis metas, no solo por magia, sino porque las integré a una creencia que se sentía inalterable. Pero, ¿y la magia real? Empezaba por perdonarme y descubrir mi propio valor.

Esa sensación de autovaloración es la receta secreta, el fundamento para desarrollar la inquebrantable creencia que alimenta el éxito. Cuando sabes que lo vales, todo se mueve. Empiezas a ver el universo como un aliado en lugar de un obstáculo. Confías en que esté perfectamente alineado con tus más profundos deseos, en que hasta las luchas y los desazones que has experimentado hayan sido diseñados en exclusiva para moldearte en la máxima versión de ti mismo. Como Marianne Williamson lo dijo con elocuencia, «no tengas miedo de tu propia grandeza. Naciste para destacar, no para encogerte en las sombras».

La autovaloración desbloquea una comprensión más profunda del yo. Te recuerda que no tienes que demostrar nada ante nadie. En cambio, trabajas hacia conseguir tus sueños desde un lugar de abundancia y alineamiento, consciente de que cada experiencia —buena o mala— te ha preparado para este momento. Cuando crees verdaderamente que vales la pena, dejas de esperar a que otros te den permiso de tener éxito y de empezar a crear la vida que estabas destinado a vivir. Ahí es donde se da la verdadera magia.

Ese es el poder de la convicción. Si puedes verlo, puedes lograrlo. Pero no se trata meramente de ver la meta, sino de estar dispuesto a hacer el trabajo cada día.

Muhammad Ali no se convirtió en el mejor por ganar cada pelea. Sus más grandes victorias muchas veces siguieron a derrotas aplastantes. Cuando peleó contra George Foreman pasó ocho *rounds* siendo masacrado, pero siguió ahí. Esperó su momento y luego tiró el golpe. Así funciona la vida: tienes que ser paciente porque esa apertura llegará. Si pasas toda tu vida enfocándote en todas las veces que te han noqueado, nunca verás la oportunidad de levantarte. Stephen Curry, el más grande tirador que alguna vez haya tomado una pelota de basquetbol, ha metido 3 822 puntos en tiros de tres en su carrera… pero también falló 5 151. Falló más puntos de los que muchos jugadores hayan intentado alguna vez. Y sin embargo, sigue tirando. Es lo que lo vuelve legendario: no solo lo que hace, sino la resiliencia para seguir haciéndolo, para lanzar ese siguiente tiro, sin importar cuántos haya fallado antes. Es un recordatorio de que la grandeza es relativa a la persistencia, no a la perfección.

Las personas que conozco en esas prisiones muchas veces siguen atrapadas en sus viejas narraciones y patrones. Pero no se trata solo de aquellos tras los barrotes de las miles de prisiones esparcidas por el mundo. Lo veo en todas partes: gente en el exterior que vive en prisiones ocultas de dolor, ira, vergüenza e incapacidad de perdonar.

Pero luego están aquellos atrapados en las prisiones bien intencionadas: las que parecen seguras, incluso deseables, y que, sin embargo, erosionan el alma. Las buenas prisiones del padre helicóptero que nunca los deja ir, el amante que ahora es amigo y se queda por comodidad en lugar de amor, el director ejecutivo que usa una máscara de rudeza porque la vulnerabilidad se siente como debilidad, el síndrome del impostor que murmura: «No perteneces aquí», y la jaula de oro del privilegio, donde el confort cría complacencia.

Tantas rejas, visibles e invisibles. Tantas prisiones escondidas, creadas en la mente y confundidas con libertad. Pero yo soy prueba viviente de que puedes no solo salir de esas paredes, sino también dejar las cadenas mentales que te mantienen estancado en ciclos arcaicos. Mi misión ahora es ayudar a otros a encontrar esa libertad, mostrarles que hay una salida si están dispuestos a hacer el trabajo.

Yo sé cómo se siente dudar de ti mismo, escuchar esa voz en tu cabeza diciéndote que no eres lo suficientemente bueno. Yo sé cómo se siente estar roto, hecho pedazos. Pero también aprendí cómo silenciar esa voz, cómo pegar los pedazos y hacer depósitos en mi propio banco de narrativas. Pero hay poder en reafirmarte a ti mismo. Es por eso que yo reto a la gente a pararse frente al espejo y darse un soplo de vida. Porque si tú no crees en tu propia grandeza, ¿por qué alguien más lo haría?

Gente como LeBron James o Muhammad Ali no fueron arrogantes cuando se proclamaron los mejores: simplemente estaban reconociendo su propio potencial, su propia magia. Y eso es lo que he llegado a pensar de mí mismo. No sobreviví: prosperé. Hice el trabajo, discipliné mi mente y creí en mi potencial. Ahora mi misión es ayudar a otros a hacer lo mismo, encontrar su espíritu imparable y manifestar la vida que merecen. Porque lo cierto es que todos somos capaces de alcanzar la excelencia. Solo tenemos que creerlo.

La temeridad no es la ausencia de miedo, es la audacia de seguir adelante a pesar de ello. Es cosa de estar de pie en la tormenta, inamovible, como Diana Ross en Central Park, empapado pero impertérrito. Esa imagen de resiliencia y gracia me recuerda que el éxito no es cosa de esperar a que se den las condiciones perfectas, sino aparecer, llueva o truene, y reclamar tu poder.

A lo largo de mi viaje he aprendido que ser imparable no es cuestión de suerte, talento ni oportunidad. Es sobre mentalidad, disciplina y la voluntad de seguir adelante más allá del miedo, la duda y el fracaso. Es creer en ti cuando nadie más lo hace. Y es liberarte de las prisiones —reales e imaginarias— que te impiden adentrarte en tu grandeza.

CAVAR MÁS HONDO

Los espíritus incontenibles no nacen: se forjan en la adversidad, con ayuda de la creencia en uno mismo y la acción incesante. Cuando pienso en mi viaje, reconozco que mi transformación no se limitó a escapar del confinamiento físico: además liberé mi mente de las limitaciones que yo mismo me había impuesto.

He descubierto esta verdad: ser incontenible no es un rasgo de personalidad, sino una decisión cotidiana. Es tomar la decisión de ir cuando el agotamiento te tienta a renunciar. Es tomar la decisión de creer que es posible aunque las pruebas indiquen lo contrario. Es tomar la decisión de ir un paso más adelante cuando todo en ti quiere batirse en retirada.

Así que te pregunto: ¿qué se posibilitaría si hoy decidieras que tus miedos ya no tienen la última palabra? ¿Qué sueños tienes archivados porque parecían demasiado audaces? ¿Qué dones ocultas porque sientes que revelarlos te expone?

Tus respuestas a estas preguntas no son solo cavilaciones filosóficas: son la hoja de ruta a tu propio espíritu incontenible. La distancia entre donde estás y donde estás destinado a estar no se mide en millas o años, sino en la valentía que hace falta para creer que eres merecedor de ese viaje.

LLAVES PARA CONVERTIRTE EN ALGUIEN IMPARABLE

1. El éxito se gana, no se regala

Es fácil mirar el éxito de los demás y suponer que estuvo fácil, pero la verdad es que el éxito es resultado de un esfuerzo constante e intencional a lo largo del tiempo. Así como Kobe Bryant se pasaba horas en el gimnasio después de cada tiro que fallaba, el éxito les pertenece a quienes aparecen cada día y hacen lo que tienen que hacer.

- Identifica un área de tu vida donde necesites más disciplina.
- Establece una meta pequeña y cuantificable, y comprométete a lograrla diario (por ejemplo, escribir quinientas palabras al día, practicar tu arte una hora, hacer un contacto a la semana).

2. Domina tu mentalidad, domina tu vida

La batalla más grande no es externa: es la guerra en tu propia mente. Dudar de uno mismo, el síndrome del impostor y las creencias limitantes impiden que la mayoría de la gente alcance todo su potencial. Pero la diferencia entre quienes lo logran y quienes no, no es el talento: es la convicción. Cuando te dices a ti mismo que eres valioso, capaz y estás destinado a más, tus actos se empiezan a alinear con esa verdad.

- Habla contigo diario: empieza cada mañana mirándote en el espejo y afirmando tu poder. Di: *Soy valioso. Soy capaz. Soy suficiente.*
- Reconfigura tus creencias: escribe los pensamientos negativos con los que estés luchando. Junto a cada uno, escribe otro nuevo, una creencia empoderadora que lo reemplace.

3. El miedo es una brújula, no una señal de alto

El miedo no es una señal de alto: es señal de que estás entrando en algo más grande. La clave es no dejar que el miedo te paralice, sino permitir que te guíe. Cada salto considerable en mi vida —desde dejar Navan hasta pararme en grandes escenarios— vino con su dosis de miedo. Pero lo hice de todas formas. La valentía es actuar de cara al miedo.

- Lista tres cosas que hayas estado evitando por miedo.
- Haz un acto pequeño hacia cada una, aun si se trata solo de hacer una llamada, mandar un correo o escribir un plan.

4. Construye un sistema de apoyo que te eleve

El éxito no es un viaje en solitario. Aun los grandes tenían un equipo: Jordan tenía a Pippen, Ali tenía a sus entrenadores y yo tengo una red de amigos, mentores y apoyos que me retan y me impulsan. Rodearte de gente que cree en ti es uno de los trucos más potentes para el éxito.

- Identifica tres personas que te inspiren y te reten.
- Agenda un café, una llamada o escríbele a alguna de ellas esta semana.

5. La manifestación requiere acción

Soñar sin actuar se queda en un mero deseo. Yo siempre he sido un soñador, pero lo que hizo la diferencia fue escribir las cosas, visualizarlas y luego hacer el trabajo para que cobraran vida. Desde hacer mapas de sueños con mi esposa hasta visitar casas muestra en nuestro vecindario de ensueño, aprendí que la manifestación no es mágica; es intención más esfuerzo.

- Crea un diario para tu visión y escribe tus más grandes sueños con gran detalle.
- Identifica un paso concreto que puedas dar esta semana para acercarte a uno de esos sueños.

Cada persona que ha alcanzado la grandeza ha tenido momentos de duda, miedo y fracaso, pero lo que la separa del resto es que no se detuvo. Siguió andando cuando se puso difícil, cuando se volvió un camino solitario, cuando las circunstancias le eran adversas.

Tú tienes el mismo poder. No necesitas permiso para adentrarte en tu grandeza. No necesitas validación para perseguir lo que enciende tu alma. Solo necesitas la convicción, la disciplina y el valor de actuar… aun con miedo, aun ante el rugido de la tormenta.

El éxito no es cosa de esperar el momento preciso. Es volverte imparable ante lo que sea que se te presente.

Así que la pregunta es: ¿estás listo para adentrarte en tu poder como la versión más libre de ti?

CAPÍTULO 13

Encontrar la verdadera libertad

La verdadera libertad es un imposible sin una mente liberada por la disciplina.

—Mortimer J. Adler

Tenía diez años la primera vez que escuché «Free», de Prince, y la letra se quedó como eco en mi mente desde entonces:

Sé feliz de ser libre
Libre para cambiar de opinión

En aquellos tiempos no entendí por completo la profundidad de sus palabras. La libertad de un niño se siente simple: correr afuera sin hora de llegada, explorar el mundo sin fronteras. Pero al ir creciendo, sobre todo después de pasar diecinueve años en prisión, mi comprensión de la libertad evolucionó. Llegué a darme cuenta de que la verdadera libertad no estriba tanto en dónde estás, sino en cómo te sientes por dentro.

Esos versos resonaron muy profundo dentro de mí porque capturan lo que entendí: la libertad no es meramente una condición física. Puedes estar libre de los barrotes de una prisión y aun así estar atrapado en tu cabeza. Y puedes caminar todos los días sin estar confinado por cuatro paredes, y de todas maneras ser prisionero del miedo, la ira, el dolor o la vergüenza. La libertad es un viaje mental, emocional y espiritual, y meditar sobre la libertad es la salida hacia tu auténtico yo. Te invita a imaginar una vida sin la pesada carga de los miedos y los resentimientos del pasado.

Considera cómo sería tu vida si fueras realmente libre. ¿Cómo te sentirías? ¿Cómo serían tu baile, tu sonrisa, tu ejercicio o tus carcajadas? La realidad es que puedes hacer todas esas cosas ahora. Pero tienes que abandonar la prisión del miedo.

El miedo a lo desconocido, al fracaso, a que te descubran, al ridículo... Estos miedos se encuentran profundamente arraigados en la vergüenza y nos mantienen encadenados a las creencias que heredamos o construimos alrededor de nosotros. Cada vez que revivimos un insulto del pasado, rumiamos una experiencia en la que nos sentimos menospreciados o dejamos que el juicio de alguien más dicte nuestras decisiones, apretamos las esposas alrededor de nuestras muñecas. Nos quedamos indefensos, encerrados en ciclos de dudas personales y limitaciones.

La verdadera libertad comienza en el momento en que enfrentamos estos miedos y tomamos la decisión de vivir de otra manera. Es reconocer las capas del miedo que la sociedad, la crianza y nuestras propias inseguridades nos apilaron encima. El miedo a envejecer en una cultura que idealiza la juventud y marginaliza la sabiduría y la belleza de ser mayor. El miedo a las perspectivas escuetas de otra gente, como si su limitada visión del mundo minimizara de alguna manera nuestra verdad. El miedo a no ser suficiente: lo suficientemente listo, lo suficientemente atractivo, lo suficientemente acaudalado, o de no merecer amor y aceptación. Estos miedos, tan omnipresentes e insidiosos, nos convencen de hacernos pequeños, de escondernos, de aplazar nuestros sueños y vivir bajo las reglas de alguien más.

Pero la libertad no surge de evitar el miedo; surge de reconocerlo y rehusar que dicte nuestra vida. Es aprender a ver esas grietas en los miedos, la luz que se cuela entre ellas cuando elegimos el valor por encima de la comodidad. Es recordarnos que el miedo muchas veces es reflejo de lo que más nos importa, y que atravesarlo es la manera de reclamar nuestro poder. Ya sea que se trate del miedo a fallar en algo nuevo, el miedo a envejecer o el miedo a no cumplir expectativas, la libertad radica en abrazar los miedos y elegir seguir avanzando de todas maneras.

Vivir de otra manera significa reescribir las historias que el miedo ha escrito para nosotros y dar ese paso con todo valor hacia lo desconocido. Significa estar ahí como nuestro auténtico yo, con todas nuestras imperfecciones y vulnerabilidades, y entender que ser valioso de verdad no tiene nada que ver con la validación externa, sino con el coraje de liberarse de las cadenas de la vergüenza y del juicio. Solo entonces podemos empezar a vivir plenamente, sin complejos y sin límites.

Nunca olvidaré la emoción que me embargó de niño al ver una vieja película sobre el más grande escapista del mundo, Harry Houdini. Fue fascinante verlo liberarse de lo que parecían situaciones imposibles: esposas, camisas de fuerza, hasta tanques de inmersión llenos de agua. Más adelante quedé cautivado por las hazañas de David Copperfield, con su escape de Alcatraz, y por el acto de David Blaine cuando pasó sesenta y tres horas congelado en un bloque de hielo. Estos hombres no eran solo magos: eran escapistas que se atrevieron a ir en contra de toda probabilidad. No solo escaparon: nos hicieron creer que lo imposible era posible.

Yo no era mago, pero la vida me exigió que me convirtiera en un escapista de otra clase. Mi escenario no estaba iluminado con reflectores brillantes y no había multitudes aguantando la respiración mientras yo trabajaba. Mis actos de escapismo eran silenciosos, invisibles y profundamente personales. Lo que estaba en juego, sin embargo, era igual de importante: mi libertad, mi supervivencia y, al final, mi vida.

Una de mis prisiones era física, con barrotes de verdad, candados de verdad y paredes de verdad. Pero sin importar lo confinado que fuera ese lugar, no era ni remotamente tan poderoso como las prisiones que descubrí en mi mente mientras cumplía mi condena. La celda en que viví por años era tangible, pero las que había en mi cabeza eran insidiosas y ocultas, y era mucho más difícil escapar de ellas.

Estas cárceles mentales adoptaban muchas formas: las historias que otros me habían contado sobre mí, la culpa y la vergüenza que se repetían sin cesar, y la creencia de que mis circunstancias definían mi valor. Esas paredes invisibles se sentían tan reales que casi tenían la verosimilitud de la libertad. Casi.

Pero no eran solo mis propias prisiones: me di cuenta de que todos estamos atrapados de una u otra manera. Para muchos, las prisiones no son tan obvias como los barrotes de acero. Son la rotación incesante del ciclo de noticias, diseñado para mantenernos en un estado de miedo y ansiedad. Son el FOMO, el miedo a perdernos de algo, que nos conduce a comparar nuestra vida con versiones curadas del éxito que vemos en línea. Son la infinita búsqueda de desastres en redes, llenándonos de desasosiego un dedazo a la vez.

Luego están las prisiones más profundas, más personales: comparar nuestra vida con las de las celebridades y los *influencers* que hacen parecer fácil su perfección. El dolor de una infancia arruinada que cargamos como un peso invisible. Las relaciones tóxicas a las que nos aferramos por miedo o por hábito. Y hasta la mentalidad cultural del privilegio, que nos atrapa en un ciclo de descontento, siempre queriendo más, pero nunca sintiéndonos suficientes.

Escapar de estas prisiones requiere más que solo conciencia; demanda atención, esfuerzo y la voluntad para enfrentar verdades incómodas. Así como Houdini estudió cada cerrojo y cada mecanismo, yo tuve que desarrollar una agudeza para ubicar las trampas de mi pensamiento, los patrones que me mantuvieron estancado. Requirió perspicacia y autoconocimiento discernir qué me estaba deteniendo, y el valor de creer que podía romper con eso y ser libre.

En el proceso me volví un excelente narrador de mi propia libertad, reescribiendo la historia de mi vida con cada escape. Cada vez que me zafaba de una creencia limitante o me liberaba del peso del pasado, añadía un capítulo al cuento. Escapar no era solo salir: era construir algo mejor del otro lado.

Lo que he aprendido es que el arte del escapismo no es cuestión de fuerza bruta ni de suerte. Es estrategia, mentalidad y determinación. Es reconocer las prisiones en donde estamos, sin importar lo sutiles ni lo normalizadas que parezcan, y encontrar una manera de huir hacia la libertad, no a través de la rebelión ni la destrucción, sino por medio de la claridad y la intención.

Las prisiones de la vida podrán verse diferentes para cada uno, pero el camino a la libertad es universal. Empieza con esta simple verdad: la clave no está allá afuera… está dentro de ti. Solo tienes que encontrarla. Y cuando lo hagas, descubrirás que la libertad no es solo la ausencia del confinamiento. Es la presencia de la posibilidad.

Porque el más grande escape no se da cuando sales. Se da cuando atraviesas la pared hacia una vida que sea tuya de verdad.

EL ECOSISTEMA DE LA LIBERTAD

La libertad es como un ecosistema. Requiere balance: ser dueños de nuestra verdad, ser responsables por ella, expresarla, crear espacio para ella y vivirla. Pero cuando el ecosistema se sale de balance, nos arriesgamos a arremeter contra otros, evitar relaciones sanas, pelear contra fantasmas, resistir el amor o encarcelarnos de nuevo. El *mindfulness* te lleva de vuelta al momento de la verdad; te recuerda que la única libertad que existe se encuentra en el ahora... no ayer ni mañana.

Nuestro recurso más valioso es el tiempo. Una vez que se va, no podemos tenerlo de vuelta, así que es crucial valorarlo hoy y maximizar el potencial de cada momento. Una vida en libertad debe incluir alegría, tanto espontánea como intencional. Una vida sin alegría es una vida rota, llena de tristeza.

ESTABLECER UNA FECHA PARA LA LIBERTAD

Uno de los pasos más importantes hacia la libertad es establecer una «fecha para la libertad». Es el día en que te comprometes a liberarte de las prisiones mentales y emocionales que has construido. Así como uno cuenta los días que te faltan en confinamiento, necesitas establecer una fecha a futuro que señale tu nuevo comienzo, tu separación del pasado. Escríbela, ya sea en un papel, en tu diario o incluso en los márgenes de este libro. Déjala tallada en piedra en tu mente y no la muevas por nadie. Cuando ese día llegue, vístete con tu mejor atuendo y sal al mundo como si te acabaran de liberar de una larga sentencia. Vívela al máximo y goza de la libertad que lograste.

EL VIAJE DE AUTODESCUBRIMIENTO Y SANACIÓN

Mi viaje hacia la libertad empezó cuando me di cuenta de que estaba en la cárcel mucho antes de entrar a prisión, y fui libre mucho antes de mi liberación. A través de la escritura, el *mindfulness* y la meditación, desbloqueé las barreras mentales que me retenían desde la infancia. A partir de ahí ha sido un paso a la vez, en ocasiones con un paso o dos de lado. El proceso me condujo hacia diversas verdades:

1. Mi auténtico yo es magnífico y merece cosas magníficas.
2. La libertad última se expresa a través del dominio de mis propios pensamientos.
3. La manifestación requiere paciencia y práctica constantes.
4. Los obstáculos son parte del viaje. El crecimiento se da al utilizar las llaves que tenemos en nuestro interior para abrir las puertas frente a nosotros.

Se necesitaron muchas horas de escribir en mi diario, meditar y abandonar las viejas narraciones que me mantenían prisionero. Pero la libertad llega al entender que esas viejas narraciones no desaparecen con facilidad; pelean por quedarse en su lugar. Hace veinte años escribí esto en mi diario, y es vigente aún hoy:

Entrada de diario: 31 de mayo de 2005

Ya pasó más de un año desde que salí del hoyo, y el mismo tiempo desde la última vez que escribí en mi diario. Pasaron muchas cosas en ese tiempo. Uno de los cambios más significativos es que me he vuelto mucho más consciente de mí mismo. Por medio de la escritura aprendí a verme con claridad.

He hecho progreso en el control de mi ira, aunque todavía hay momentos en que me siento irritado. La diferencia ahora es que tengo un deseo mayor —y la capacidad— de controlar mi respuesta a las cosas que me molestan. Este cambio ha sido transformador, y me ayuda a mantener mi enfoque y los pies en la tierra.

Aunque ya salí de prisión, las historias que me cuento a mí mismo en mis peores momentos surgen de vez en cuando, pero ahora puedo combatirlas con mucha más facilidad.

REVIVIR AL ARTISTA INTERIOR

Para mí, la libertad está íntimamente vinculada con la creatividad y la imaginación. Tuve que revivir al artista dentro de mí al aceptar el lenguaje de la libertad, que incluye liberación, ensoñación, visualización, activismo y activación. Escribir se convirtió en mi manera de soltar mi subconsciente, dando vida a algo significativo en el mundo. Aunque alguna vez soñé con ser artista visual, aprendí a pintar cuadros con palabras, inspirado en la era dorada de los artistas de *hip-hop*, como Rakim, Scarface y Ice Cube, que representaban la vida de las zonas urbanas deprimidas con narraciones vívidas.

A lo largo de este viaje también redescubrí aquello que enciende mi alma: escribir ficción. Pasé años escribiendo, hablando y asesorando, pero la parte de mí que sueña tremendamente y cuenta historias está lista para tomar el escenario. Este es el siguiente capítulo de mi viaje creativo: llevar mi ficción al mundo.

En confinamiento solitario, después de escribir el texto que se convertiría en mi primer libro y de ser rechazado como escritor por un hombre en una celda al final del pasillo, desarrollé cierta aprehensión sobre compartir mi obra. El aguijón del rechazo, aun viniendo de otro hombre encarcelado, me hizo preguntarme si valía la pena sacar mis palabras al mundo. Pero una vez que salí del confinamiento y empecé a compartir mi trabajo, la respuesta fue abrumadoramente positiva. Se corrió la voz de celda en celda, y pronto tuve que hacer una lista de espera para que los hombres tomaran turnos leyendo mis libros… libros que había escrito a mano, en el silencio de mi confinamiento, inseguro de si alguna vez significarían algo para alguien.

Esa experiencia me enseñó algo: el miedo de compartir es universal, pero el poder de la conexión también lo es. Me hizo pensar en los grandes: cuántos de ellos casi dejaron que sus dudas les impidieran publicar su trabajo.

Maya Angelou se debatió con la idea de compartir su voz. El trauma la silenció por años, y aunque escribió *Yo sé por qué canta el pájaro enjaulado*, temía la reacción del mundo. Pero la compartió de todas maneras y, al hacerlo, les dio a incontables otros el valor de contar sus propias historias.

La gente se rio de la música de Tyler, the Creator. En la industria lo rechazaron por ser demasiado raro, demasiado diferente. Pero en lugar de cambiar para embonar en su molde, construyó su propio carril, creando música para la gente que *sí* la entendía. Ahora, esas mismas personas que dudaron de él observan cómo encabeza festivales y gana Grammys.

Vincent van Gogh pintó en la oscuridad, sin saber si su obra importaría. Solo vendió un cuadro en toda su vida. Imagina si se hubiera detenido. Imagina si hubiera dejado que sus miedos le impidieran crear. Hoy, su arte es invaluable, y su nombre, inmortal.

Y luego estoy yo. Sentado en una celda, preguntándome si mis palabras importan. Pero me abrí paso a través del miedo, las compartí de todas maneras y vi cómo las historias —mis historias— podían conmover a la gente, aun en los lugares más oscuros.

Lo cierto es que todo artista, todo creador, todo visionario ha tenido miedo de compartir su trabajo. Pero los que cambian el mundo son los que lo hacen de todas formas.

Una vez que desperté al artista en mi interior, escribir se volvió mi salvavidas. Dotó de significado y propósito mi vida, ayudándome a darme cuenta de que nunca es demasiado tarde para perseguir tus pasiones, sin importar qué tan anticuadas parezcan o qué tan poco estilo tengan. Entonces, ¿a ti qué te detiene?

VIVIR EN EL AHORA

La única libertad que existe se encuentra en el presente. La libertad de pensamiento cambia todo en tu interior. Revela una ligereza en tu paso, un brillo en tu sonrisa… estás en tu esencia. Es un estado donde no solo eres libre de las restricciones del exterior, sino que quedas libre de las restricciones internas que te impiden vivir al máximo. No tienes que esperar hasta que la sociedad diga que ya estás en condiciones, ni que la junta de libertad condicional te diga que estás listo. Puedes escapar en este preciso momento, sin miedo a que un custodio te dispare o te quedes atorado en el alambre de púas. Pero tienes que tomar la decisión de quedarte o irte. Date un tiempo el día de hoy para pensar en esta poderosa meditación.

MEDITACIÓN SOBRE LA LIBERTAD EN EL AHORA

Encuentra un lugar tranquilo. Siéntate cómodamente. Cierra los ojos. Inhala profundo… aguanta la respiración un momento… y exhala lentamente.

Inhala… siente el aire expandirse en tu interior.

Exhala… libera cualquier cosa que se sienta pesada.

Acomódate en este momento. Aquí. Ahora.

El presente es donde vive la libertad

La única libertad que existe se encuentra ahora… No en el pasado que perdura atrás de ti ni en el futuro que aún no ha llegado. La libertad está aquí, en este aliento, en esta quietud.

Siente tu cuerpo relajarse mientras te adentras por completo en este momento.

Siente cómo el peso de viejos remordimientos, heridas pasadas y miedos no expresados empieza a soltarse.

No te pertenecen en este instante. Solo existen si te aferras a ellos.

Inhala ligereza… un paso más descargado.

Exhala pesadez… todo lo que ya no necesitas.

La decisión de ser libre

En este espacio no estás atrapado. No estás esperando.

No necesitas permiso para ser libre.

Ninguna fuerza externa te puede atar. La libertad es una decisión interna.

Imagínate de pie frente a dos puertas: una tiene la etiqueta «Quédate» y la otra «Vete».

Esa es tu elección.

La puerta del pasado puede llamarte: recuerdos, remordimientos, viejas narraciones de quién eres.

Pero tú tienes la llave. Tú puedes cerrar con seguro esa puerta si ya no te sirve.

O quizá haya una parte de ti que siga secuestrada: un viejo miedo, una experiencia dolorosa, una versión de ti que añora ser liberada. Si estás listo, abre esa puerta. Déjalos libres. Libérate a ti mismo.

Pensar en la libertad lo cambia todo

Inhala y siente la ligereza de tu cuerpo.

Exhala y deja ir cualquier cosa que ya no se alinee con la persona en quien te estás convirtiendo.

La libertad es un estado mental. No se gana. Se reclama.

Y tú, ahora, la estás reclamando como tuya.

Volver al presente

Lentamente, devuelve tu conciencia a tu respiración. Siente el espacio a tu alrededor.

Sé consciente de que eres libre... No algún día, no cuando las circunstancias cambien, sino ahora.

Llévate esta libertad contigo. Camina con ella. Habla desde ella. Vive de ella.

Cuando estés listo, abre los ojos.

Eres libre. Siempre has sido libre. Y ahora lo sabes.

CREA TU ESQUEMA DE LIBERTAD

Para realmente abrazar la libertad, debemos diseñar nuestro propio ecosistema libre. Esto incluye establecer límites para la libertad, definir las cosas que la proyectan y crear mantras personales que refuercen nuestro estado de liberación.

Este es un ejemplo de cómo podría ser tu mantra:

> No tengo que esperar a ser libre. Soy libre ahora mismo.
> Soy libre del peso de mi pasado.
> No debo mi futuro a mis viejos errores.
> No cargo el peso de la vergüenza, la culpa ni el remordimiento.
> No me definen... yo lo hago.

Ya sea que se trate de una lista de verificación, un manual o un diario sobre tu libertad, la meta es construir un esquema personal que te guíe hacia una vida de autonomía, empoderamiento y realización.

Al final, la libertad tiene que ver con la gratitud. La expresión más grande de libertad es confiar en que el momento que estás viviendo es divino y digno de tu presencia. Sé agradecido por este preciso instante, por esta libertad y por tu decisión de liberarte.

EL SÓTANO DEL MIEDO: ENFRENTAR TUS TRAUMAS INTERNOS

Yo odiaba el sótano de nuestra casa; me lo imaginaba lleno de pervertidos que estaban esperando a que yo bajara la escalera. Sin importar cuántas veces tuviera que ir a esa bodega, no podía quitarme la ansiedad… aun si esos monstruos nunca se materializaron. Todos tenemos en la mente sótanos donde reside el miedo. Para crecer, tenemos que aventurarnos hacia esos lugares oscuros, enfrentar los miedos ocultos, y entonces el trauma real queda expuesto a la luz.

MANIFESTACIÓN: CONFIAR EN LA PROMESA DEL CREADOR

La manifestación es el proceso de confiar en la promesa del Creador y tener fe en que el universo se alinea a tu favor. Es como aferrarte a la creencia de que el plan del Creador se está dando como tenía que ser, aun si el camino no es claro. Esta creencia en la manifestación es similar a plantar semillas sin saber exactamente en qué van a germinar, pero confiar en que el brote saldrá.

EL VALOR DE SER LIBRE

Cuando me senté a empezar a escribir este libro, no tenía idea de qué tan libre me sentiría al final. Escribir siempre ha sido mi gran herramienta de transformación, pero este proceso me obligó a confrontar mis propias limitaciones y actuar de formas totalmente nuevas para mí.

Uno de los más grandes pasos que di fue finalmente solicitar mi perdón. Por años cargué el peso de mi pasado… Sentía el duelo por el tiempo que perdí en prisión, sentía el aguijón de tener que señalar «Sí» cada vez que me preguntaban si me habían condenado por algún crimen, y batallaba con la vergüenza cuando mi pasado afectaba a mi familia. Estaba cansado. Así, en lugar de solo quedarme sentado con la frustración, hice algo al respecto. Aparté tiempo, descargué la solicitud, la llené y la envié.

Han pasado meses y todavía no tengo una respuesta. Pero la cosa es que ya me siento más liviano. No porque alguien me haya dado permiso de seguir adelante, sino porque yo me hice cargo de mi propia libertad.

Y esa es la lección que quiero dejarte: la libertad no es algo por lo que esperas: es algo que afirmas.

ACEPTAR EL SIGUIENTE CAPÍTULO

Hoy me siento en un espíritu de gratitud.

Me siento agradecido por Sherrod y por Indy, y por la influencia que tuvieron en mi vida.

Estoy agradecido por la resiliencia de Sekou, por cómo toma el control de su salud con una fortaleza que me hace sentir muy humilde. Me sigue impactando, y a veces me hace llorar verlo ponerse sus inyecciones de insulina. Pero más que nada, estoy orgulloso de él.

Estoy orgulloso por los momentos de alegría que comparto con mi esposa, Liz, soñando e imaginando la siguiente fase de nuestra vida juntos.

Pero la gratitud no solo se asienta en mi mente: me impulsa a actuar. Para dejarlo claro, escribir en un diario, meditar, crear un plan de acción o un mantra no son ejercicios pasivos. Este no es un proceso de «Configúrelo y olvídese». Si lo estás haciendo bien, si estás sentado con tu verdad, te obligará a la acción. Te obligará a ponerte las pilas y agarrar la vida por las riendas.

Porque la verdad es esta:

No tiene que ser perfecto, pero sí tiene que ser un proceso. Tiene que haber progreso.

NO ESTÁS AQUÍ PARA APOSTAR POCO

Tuve que hacerme una pregunta difícil: ¿por qué estaba tan cómodo en el dolor y el caos?

¿Por qué la paz me asustaba tanto?

¿La respuesta? Porque ya me había acostumbrado a que lo anormal se sintiera normal. Por mucho tiempo equiparé la batalla con supervivencia, con identidad, con significado. Pero una vez que lo vi, empecé el arduo camino de estabilizarme en la calma. De permitirme vivir con alegría sin esperar a que algo malo pasara.

Es el trabajo del pensamiento libre.

Es el trabajo de estar completo.

Es el trabajo de adueñarte de tu espacio en el mundo.

EMPIEZA ANTES DE QUE ESTÉS LISTO

Cuando empecé a escribir no tenía idea de lo que estaba haciendo. Todo lo que sabía era que me encantaban las palabras. Mi conocimiento de puntuación era básico, cuando mucho: podía usar signos de interrogación, punto, signos de exclamación... pero ¿coma y punto y coma? Esa era otra historia. Pero no dejé que eso me detuviera.

Durante mi encarcelamiento, devoré libros... casi mil quinientos. *Westerns*, ficción, filosofía, lo que se te ocurra. Pero a pesar de tanto leer, no era un escritor entrenado. No tenía un posgrado en Bellas Artes, no era experto en gramática ni especialista en puntuación. Yo no entraba en ninguno de los marcadores tradicionales para un «escritor». No obstante, escribí. Lo intenté.

Puse la pluma contra el papel y dejé que las historias tomaran forma. Y en el proceso me di cuenta de que el éxito no es cuestión de esperar hasta estar listo, sino de empezar. Se trata de darte permiso de hacer el trabajo.

Eso se aplica a cualquier cosa: escribir, hablar, emprender un negocio, relaciones. No necesitas que alguien te diga que estás calificado. No necesitas el título perfecto, las conexiones correctas o un pase de autorización.

Lo que necesitas es la disposición de hacerlo.

AMISTADES, PROPÓSITO Y EL PODER DE ESTAR PRESENTE

Encontrar tu propósito es una de las cosas más importantes que puedes hacer. Pero esto es lo que he aprendido:

El propósito no es una meta: es una práctica.

Es algo que persigues diario, a través de las decisiones que tomas, la gente de la que te rodeas y la forma como estás presente en el mundo.

Y dejémoslo claro: las amistades importan.

No del tipo superficial. No del tipo «Te marco cuando necesito algo». Amistades reales. De las que te pulen, que te hacen rendir cuentas y te recuerdan quién diablos eres cuando se te olvida.

Si tienes esa clase de personas en tu vida, atesóralas. Y si no, ve a buscarlas.

Porque lo cierto es que ninguno de nosotros está destinado a hacer esto solo.

TU LIBERTAD, TU DECISIÓN

Al cerrar el libro, quiero que te quedes con esto:

No te pusieron en la arena, en estas grandes habitaciones, en esos poderosos espacios, para apostar poco.

No te dieron el don del pensamiento, la creatividad y la visión solo para quedarte sentado afuera de la cancha.

No tienes que esperar a que la sociedad te diga que eres apto.

No tienes que esperar hasta que la junta de libertad condicional te diga que estás listo.

No tienes que esperar hasta que el mundo te dé permiso de ser libre.

Puedes reclamar tu libertad ahora mismo.

Aquí mismo.

En este preciso instante.

La única pregunta es: ¿lo harás?

Es hora de ser libres.

Recomendaciones

LIBROS

¿Qué te pasó?, Bruce Perry y Oprah Winfrey
Emprender y liderar una startup, Ben Horowitz
Como un hombre piensa, así es su vida, James Allen
El largo camino hacia la libertad, Nelson Mandela
El arte de la guerra, Sun Tzu
El arte de la prudencia, Baltasar Gracián
Aquí está la estrategia, Seth Godin
El milagro de mindfulness, Thich Nhat Hanh
Yo sé por qué canta el pájaro enjaulado, Maya Angelou
Thick Face, Black Heart, Chin-Ning Chu
El poder de ser vulnerable, Brené Brown
Hábitos atómicos, James Clear
El camino del artista, Julia Cameron
Martes con mi viejo profesor, Mitch Albom

You 2: A High Velocity Formula for Multiplying Your Personal Effectiveness in Quantum Leaps, Price Pritchett
El hombre en busca de sentido, Viktor E. Frankl

PÓDCAST

The Oprah Podcast
The Ben and Marc Show
The Tim Ferris Show
Pivot
The Rich Roll Podcast
The School of Greatness
The Tony Robbins Podcast
Deeply Well
KG Certified
All the Smoke
The Mel Robbins Podcast

LISTA DE CANCIONES (MÚSICA QUE ME INSPIRÓ MIENTRAS ESCRIBÍA ESTE LIBRO)

«Black Butterfly», Denise Williams
«Blessings», Big Sean
«Composure», Nas, con Hitboy (y su servidor)

«Dream On», Aerosmith
«Feel», Kendrick Lamar
«Free», Prince
«God Did», DJ Khaled (con la participación de Rick Ross, Lil Wayne, Jay-Z, John Legend y Fridayy)
«If I Ruled the World (Imagine That)», Nas (con la participación de Lauryn Hill)
«Maggot Brain», Funkedelic
«My First Song», Jay-Z
«My Way», Frank Sinatra
«Paid in Full», Eric B y Rakim
«Sailing», Christopher Cross
«Simply Beautiful», Al Green
«The Way I Am», Eminem
«Yebba's Heartbreak», Drake y Yebba
«Zoom», The Commodores

AGRADECIMIENTOS

Este libro, y el viaje que condujo a él, no existirían sin la gente que se ha volcado en mí, ha caminado a mi lado y me ha levantado cuando más falta me ha hecho.

En los últimos quince años de libertad he aprendido que la liberación no consiste únicamente en la ausencia de barrotes: es la presencia de amor, confianza y apoyo a toda prueba. Estoy donde estoy en la actualidad porque muchos de ustedes vieron algo en mí antes que nadie. Se comprometieron a mencionar mi nombre en salas donde yo nunca había puesto un pie. Me escucharon con los ojos, leyeron entre líneas mis primeros escritos y percibieron la verdad que yo apenas estaba aprendiendo a contar.

Me han mostrado lo que significa para alguien ser visto, apoyado y amado a lo largo de su crecimiento. Su apoyo no solo promovió mi carrera, sino que me ayudó a redescubrir mi humanidad. Han forjado mi vida de maneras que van mucho más allá de estas páginas, y yo llevo conmigo esa influencia, con un profundo y perdurable agradecimiento.

A Liz, mi esposa: gracias por ser mi paz, mi brújula, mi caja de resonancia y mi refugio. Tu confianza en mí es el suelo donde crece todo lo que hago. Gracias por ser un espejo de amor, devoción y compromiso con sueños compartidos.

A Sekou, mi hijo: me tuviste paciencia cuando me dediqué a trabajar en este libro, y me diste ánimos como solo un hijo puede. Todos los días me recuerdas lo que es la resiliencia y cómo se siente la alegría.

A Jay, mi hijo mayor: la distancia y las millas nunca pueden separar el amor que mi corazón siente por ti.

A mis padres y a mis suegros, James White, Marie White, Arlene Howard, y Pat y Nate Dozier, y en memoria de Ron Howard: gracias por el amor, las enseñanzas y los sacrificios que nos allanaron el camino a Liz y a mí para iniciar nuestro propio legado familiar.

A mis hermanos, Alan, Art, Tamica, Will (Kidd), Vanessa, Nakia, Jason E. Howard, Shamica Bootsy y el espíritu de Sherrod: ustedes me recuerdan mis raíces, mi resiliencia y mi responsabilidad; los llevo siempre conmigo. A Mary Dozier, mi cuñada: gracias por ser una hermanita divertida y haberte incorporado a nuestra familia.

A Ben Horowitz: gracias por ser el amigo y hermano más divertido y real. A Felicia Horowitz: gracias por ser una luz y una fuerza que me aclara la vida. ¡Te quiero, hermana!

A Deron y June: su amistad ha sido una chispa divina. Una conversación en una cena se convirtió en esta experiencia de publicar libros: ahí está el poder del alineamiento, la oportunidad y la verdadera conexión.

A mis hermanos Cal, Fame, Datwon y QDIII: gracias por la inspiración. Su perspicacia y su creatividad me impulsan a pensar en grande sin dejar de tener los pies en la tierra.

A mi familia de CAA, Michelle Kydd Lee, mi agente Cait Hoyt y mi querido hermano Carlos Segarra: gracias por ayudarme a traer este libro al mundo con su trabajo incesante y por estimularme para ser el mejor. A Peter Jacobs, Inez Maza y Josh Lingren: estoy ansioso de tomar al mundo por asalto con ustedes.

A mi equipo de la fundación CAA, Deborah Marcus, Natalie Tran y Callie Rivers: ¡gracias por el valioso trabajo que hacen para que el mundo sea un mejor lugar!

A mi equipo ideal de Authors Equity (AE), Madeline McIntosh, Nina von Moltke, Don Weisberg, Andrea Bachofen, Carly Gorga, Craig Young, Ilana Gold, Deb Lewis, Rose Edwards y Sarah Christensen Fu: ustedes movieron montañas, creyeron en mí y me ayudaron a llegar más alto de lo que creía posible. ¡Ojalá otros autores tengan la misma suerte que yo! ¡Es hora de ser libres! A James Clear: gracias por tu brillantez, y por el tiempo y la sabiduría que tan generosamente has compartido. ¡Qué alegría estar contigo en este viaje!

Estoy eternamente agradecido con mis colegas de Navan (TripActions), tanto los de ahora como los de antes: Ariel Cohen, Ilan Twiggs, Rich Liu, Michael Sindich, Grant McGrail, Kelly Soderland, Ofer Ben-David y Nina Herold, y todos los líderes que construyen algo que dé nueva forma al mundo de los viajes y los gastos. Me han demostrado cómo son la innovación y el liderazgo cuando están arraigados en la determinación.

A Carlos Delatorre, Sai Jahann, Danny Finkel y Thomas Tuchescherer: esas innumerables conversaciones siguen resonando. Gracias por formar parte de mi primer camino.

A mi numerosa y divertida familia extendida: los White, los Neal, los Davis y los O'Neal. Su amor colecctivo y su risa son regalos que aprecio. Una mención especial a mi tía Bernadette: gracias por ser el centro de ese amor. Y una gran mención a mi primo, mi hermanito Jerrel. ¡Se va a poner bueno!

Amor y gratitud a Ana, Sophia, Mariah, Jules y la tribu Horowitz. Su apoyo lo es todo.

A Chris Lyons, Meghan Alexander, Stacia Murray, Kofi Ampadu y la familia de A16Z, junto con los equipos CLF y TXO: me inspiran para confiar en mi propósito. Gracias por ser modelo de excelencia, valentía y atención.

A Nas, Hit-Boy, arte e impacto, legado y sonido: gracias por incluirme en una de las mayores colaboraciones de *hip-hop* de todos los tiempos: *King's Disease II.*

A Brad Keywell y Emily Slade: gracias por ser colaboradores increíblemente inspiradores en la Sociedad de Filosofía Callejera. Estoy muy orgulloso de estar con ustedes en este viaje.

A mis queridos amigos, colaboradores y conspiradores para el bien, Adrienne Alexander, Chloe, Maud y Tad Arnold, Shawn Wilson, Trabian Shorters, Tonya Allen, Bob Ross y toda la gente de BMe Community y Soar. ¡Gracias!

A mi familia Wasatch: creyeron en mí desde muy al principio, y nuestro tiempo juntos es valioso y enriquecedor. Estoy agradecido.

A Reid Hoffman y Michelle Yee: gracias por siempre cubrirme las espaldas. A Jess Sousa, Colin Raney, Sean Bonner y Joi Ito: cada uno ha sido un faro en diferentes momentos de este viaje. Agradezco que existan y agradezco lo que han significado en mi vida.

A Chris Collins, mi maestro y hermano en el guionismo. Gracias por ser un hombre de palabra y por tantas sesiones divertidas. A mis amigas Kristin Jones, Arielle Vavasseur y Natalie Benjamin, de Inside Projects: ¡si de algo estoy seguro es de que las reinas nunca les fallan a los reyes! Esta obra no sería la misma sin ustedes.

A la fundación Paid in Full: gracias por confiar e invertir en el legado de los grandes. Su visión de futuro está cambiando vidas. A Divine, Michelle Ebanks, Judy Smith, Fab Five Freddy y Steve Stoute, ¡saludos y amor!

Mucho amor y respeto al equipo de Virginia Tech LIT. Gracias por reavivar la conversación sobre la importancia de las humanidades en el liderazgo. Gracias a mis luchadores libertarios: Ashley Lucas, Jessica Jackson, el Proyecto de Artes Creativas para Presos, la Coalición Contra la Reincidencia, la Alianza para la Reforma y todas las personas que trabajan a favor de la gente encarcelada.

A Moonshot —Lauren, Ryan, Joel y Sandy—: su creatividad, su confianza y su magia me ayudaron a imaginar lo imposible y hacerlo realidad con tantos proyectos divertidos. Gracias por llevar conmigo este sueño a la luz.

A Pete Garceau, mi increíble diseñador de cubierta: eres un creativo y brillante mago del diseño. ¡Gracias!

Por último, quiero dedicar un momento y unas líneas especiales para agradecer a Megan Newman, mi editora. Gracias por salir de tu retiro para ir conmigo en este viaje. Me ayudaste a aclarar las historias y encontrar las enseñanzas que quería dar. Llegaste desplegando toda tu humanidad y tu corazón, y es para mí un verdadero honor que nos hayas elegido a mí y a este manuscrito. ¡Puro amor y respeto!

Detroit me crio y Los Ángeles me acogió. Llevo a esas dos ciudades en mi corazón: acero y sol, tenacidad y sueños.

Es hora de ser libres.

Shaka

SOBRE EL AUTOR

Shaka Senghor es orador inspiracional, empresario y autor de *Writing My Wrongs* y *Letters to the Sons of Society*, *best-sellers* de *The New York Times*. Experto en resiliencia muy solicitado, fue reconocido como «Soul Igniter» (encendedor de almas) en la primera lista Super Soul 100, de Oprah Winfrey. Senghor ha cautivado y transformado a públicos de todo el mundo con su extraordinario viaje de preso a *influencer*. Por medio de una cruda autenticidad y una honda perspicacia, él no solo cuenta su historia, sino que les ofrece a otros las mismas prácticas de resiliencia que alimentaron su notable transformación, con lo que demuestra que la reinvención es posible, y además está al alcance de todos.

CONTINÚA CON TU VIAJE A LA LIBERTAD

Muchas gracias por andar conmigo este camino por las páginas de *Cómo ser libre.* Esta obra no son solamente palabras sobre el papel: es el programa que transformó mi vida al llevarla del confinamiento a la liberación, y estoy profundamente honrado de haberlo compartido contigo.

Si la lectura de este libro ha despertado algo dentro de ti y quieres continuar tu viaje hacia la libertad, te invito a unirte a mi boletín semanal, *Hidden Prisons* (Prisiones ocultas).

Cada semana recibirás:

- una cita impactante que ponga en jaque el pensamiento convencional,
- mis revelaciones personales que analizan verdades más profundas, y
- un paso específico que te pueda llevar a actuar para desmontar cualquier barrera que te esté deteniendo.

Transforma tu mentalidad y quítale el candado a tu potencial en tan solo cinco minutos semanales.

Puedes suscribirte en shakasenghor.com/newsletter.

Es hora de ser libres.